Thomas Heinze (Hrsg.)

Kommunikationsmanagement

AF151287

Thomas Heinze (Hrsg.)

Kommunikations-
management

Wissen und Kommunikation
in Bildung, Kultur und Tourismus

Westdeutscher Verlag

Bibliografische Information Der Deutschen Bibliothek
Die Deutsche Bibliothek verzeichnet diese Publikation in der Deutschen
Nationalbibliografie; detaillierte bibliografische Daten sind im Internet über
<http://dnb.ddb.de> abrufbar.

1. Auflage Juli 2003

Alle Rechte vorbehalten
© Westdeutscher Verlag/GWV Fachverlage GmbH, Wiesbaden 2003

Lektorat: Frank Engelhardt

Der Westdeutsche Verlag ist ein Unternehmen der Fachverlagsgruppe BertelsmannSpringer.
www.westdeutscher-verlag.de

Umschlaggestaltung: Horst Dieter Bürkle, Darmstadt

Gedruckt auf säurefreiem und chlorfrei gebleichtem Papier

ISBN-13:978-3-531-14073-5   e-ISBN-13:978-3-322-87350-7
DOI: 10.1007/978-3-322-87350-7

Inhaltsverzeichnis

II Praxis des Kommunikationsmanagement

Kommunikationsmanagement

Vorwort

Der vorliegende Band folgt der Erkenntnis, dass im Zuge der wachsenden Industrialisierung, Technisierung und elektronischen (sichtbaren und unsichtbaren) Vernetzung aller gesellschaftlichen Prozesse, damit auch der wirtschaftlichen und kulturellen Prozesse, sowohl den neu entstehenden Formen von Bildung, Kultur und Wirtschaft Rechnung getragen sowie die Verflechtung der internationalen Szene beachtet werden muss. So hat sich z.b. das Netzwerk interkulturellen Handelns in der Wirtschaft bereits derart verdichtet, dass selbst kleinere und mittlere Unternehmen in ihrer überwiegenden Zahl in ökonomische Internationalisierungsprozesse eingebunden sind. Mit zunehmender internationaler Vernetzung erhalten die sog. „weichen Faktoren", d.h. die kulturellen Voraussetzungen, unter denen wirtschaftsbezogenes Handeln stattfindet, hohe Priorität. Damit gerät die Kultur in den „Wettbewerb mit seinen modernen Spielregeln" (Herms 1994: 533). Zu beobachten ist darüber hinaus, dass der Anteil der Informationsberufe weltweit zunimmt. Sowohl in den Kernbereichen (z.b. Informatik) als auch in den Rand- und Mischbereichen, angefangen von der öffentlichen Verwaltung über nahezu alle Dienstleistungsbereiche bis hin zu den Unternehmungen zeichnet sich ein eigener Sektor ab, der als Informations- und Kommunikationssektor bezeichnet werden kann. Dabei wird zunehmend deutlich, dass die Konzentration auf die „reine" Informationstechnik den Problemstellungen nicht gerecht wird. Unabhängig davon, ob es um Wissensproduktion und Wissensorganisation oder Informationsverarbeitung und Informationsverteilung geht, in jedem Fall sind dazu kommunikative und mediale Kompetenzen im interkulturellen Kontext unerlässlich, wenn eine konstruktive und produktive Zusammenarbeit gewährleistet werden soll. „In der Organisation und Vermittlung von kulturellen Ereignissen hat das Wissen um Kommunikationsvorgänge und die Steuerung der Prozesse im Sinne eines Kommunikationsmanagement eine besondere Bedeutung" (ebd.).

Die vorliegenden Beiträge wollen dieser Entwicklung in mehrfacher Hinsicht Rechnung tragen: Einerseits werden Fragen und Probleme des Kommunikations- und Wissensmanagement als theoretisch und praktisch motivierte Gegenstände thematisiert. Darüber hinaus werden der interkulturellen Kommunikation sowie der Kommunikation im Tourismus besondere Beachtung gewidmet. Die inhaltliche Focussierung auf die Bereiche Bildung, Wirtschaft und Tourismus kann hier nur exemplarisch (in Form eines Propädeutikums) geleistet werden. In der bewussten Absicht einer disziplinären Grenzüberschreitung zielen die in diesem Band versammelten Beiträge auf die Vermittlung von Kenntnissen im bildungs-, kultur- sowie wirtschaftswissenschaftlichen Bereich.

- Teil I befasst sich mit dem Themenkomplex „Wissen – Kommunikation – Management".

Wolfgang Bergsdorf (2002) hat als wichtigsten Effekt unserer „Informations- bzw. Wissensgesellschaft" „die Verabschiedung der Relevanz des Alltagswissens" bezeichnet. Da Erfahrung im Sinne von tradierter Erfahrung sehr stark an Bedeutung verliere, müsse das Leben zu einem permanenten Prozess des Umlernens werden (ebd.). In diesem Sinne und Kontext sind die folgenden Beiträge (Teil I) zu verstehen.

Ausgehend von einer Klärung der Begriffe „Interkulturalität", „Kultur", „Kommunikation" und „Interkulturelle Kommunikation" widmet sich der Beitrag von Helmwart Hierdeis zunächst der Konstruktion interkultureller Differenz. Dabei spielen individualpsychologische Zugänge zum Problem „Fremdheit" eine besondere Rolle. In einem zweiten Schritt werden Ziele und Möglichkeiten Interkultureller Kommunikation formuliert. Im Mittelpunkt steht der Spracherwerb. Nachdem Interkulturalität ein unumgehbarer sozialer Tatbestand ist, wird die Qualifikation für Interkulturelle Kommunikation als lebenslange Aufgabe angesehen. Die Bereitschaft dafür wird in der primären Sozialisation grundgelegt.

Der Beitrag von Theo Hug befasst sich zunächst mit grundlegenden wissenschaftstheoretischen Differenzierungen sowie mit Formen des Instantwissens, die in neuerer Zeit an Bedeutung gewonnen haben. Daran anschließend werden von Thomas Heinze wissenssoziologische und systemtheoretische Erkenntnisse zur Struktur und zum Erwerb des (Alltags-)Wissens referiert. Ergänzend dazu werden dann von Theo Hug Überlegungen zu Typen des Gebrauchswissens „mittlerer Reichweite" (Bricolage) und des impliziten Erfahrungswissens (Tacit Knowledge) zur Diskussion gestellt.

In dem Beitrag von Werner Wiater wird der Komplex „Wissensmanagement" einer differenzierten und klärenden Analyse unterzogen. Bekanntlich wurde Anfang der 90er Jahre des letzten Jahrhunderts der Begriff Wissensmanagement von den Wirtschaftswissenschaften geprägt. Sein Verwendungskontext war zunächst ein organisationssoziologischer. Er resultierte aus der Erfahrung von Betrieben und Unternehmen, dass Wissen zwar eine entscheidende Ressource für den kommerziellen Erfolg ist, dass es aber an der Wissenskommunikation und der Wissenspräsentation fehlt. Nach und nach übernahmen auch andere Wissenschaften und Praxisbereiche den Begriff Wissensmanagement und erweiterten seinen Verwendungszusammenhang in psychologischer und pädagogischer Hinsicht. Außer dem Organisations- und Fachwissen werden nun das Persönlichkeitswissen, das Methodenwissen und das meta-kognitive Wissen einbezogen. Probleme des Wissensmanagement werden seitdem auch in der Erwachsenenbildung und in der Schule diskutiert. Der Beitrag von Werner Wiater stellt modelltypisch und auf zentrale Elemente reduziert drei verschiedene Formen des Wissensmanagement zusammen, und zwar Modelle für den Betrieb, für die Erwachsenenbildung und für die Schule.

- Teil II behandelt den Themenkomplex „Kommunikation und Tourismus".

Da der Beitrag zu „Kommunikation und Tourismus" (Leifeld) auf Luhmanns Systemtheorie Bezug nimmt, werden die Essentials dieses modernen Theorieansatzes zunächst von Otto-F. Bode und Thomas Heinze dargestellt.

Ein wesentliches Praxisfeld Interkultureller Kommunikation stellt der Tourismus dar. Ulrich Leifeld geht in seinem Beitrag „Kommunikation und Tourismus" davon aus, dass zwischen Kommunikation und Tourismus offensichtliche Zusammenhänge bestehen, die wissenschaftlich bislang jedoch kaum Beachtung fanden. Gemeinsam ist beiden, dass sie von Beschleunigung profitieren und im Kontext einer globalisierten Weltordnung einen hohen Stellenwert einnehmen. Über neue Informationswege kommunizieren Menschen immer schneller miteinander, wobei Technologien die Übertragung, Speicherung und Verarbeitung wachsender Datenmengen und Informationsgeschwindigkeiten ermöglichen. Ebenso wie die Informationsübertragung lässt auch der Tourismus weltweite Distanzen schrumpfen. Touristen nutzen schnelle, bequeme Reisemöglichkeiten und schätzen eine vernetzte Infrastruktur touristischer Serviceleistungen. Verschiedene Interdependenzen zwischen Kommunikation und Tourismus werden in dem Beitrag von Ulrich Leifeld aufgezeigt. Tourismus bedarf kommunikativer Inszenierung, Bilder über den Fremden werden kommunikativ vermittelt und der Tourismus leistet über Kommunikation mit Fremden einen Beitrag zur Findung und Erhaltung individueller und kollektiver Selbstkonzepte. Kurzum:

Ohne effiziente Kommunikation kein gelungenes Tourismusmanagement. Insgesamt 16 Text begleitende Übungsaufgaben sowie „Musterlösungen" sollen das Textverständnis absichern und darüber hinaus Anregungen bieten zur weiter gehenden Auseinandersetzung mit der Theorie und Praxis von Kommunikationsmanagement.

Hagen, April 2003   Thomas Heinze

Literatur

Bergsdorf, W. (2002): Im Spannungsfeld zwischen Wissenschaft und Öffentlichkeit: die Informationsgesellschaft und ihr wachsender Ethikbedarf. In: Musikforum, 38. Jahrgang, Heft 96

Heinze, Th. (2002): Kultursponsoring, Museumsmarketing, Kulturtourismus. Ein Leitfaden für Kulturmanager. Wiesbaden

Herms, H.-J. (1994): Kommunikationsmanagement. In: Rauhe, H./Demmer, Chr. (Hg.): Kulturmanagement. Theorie und Praxis einer professionellen Kunst. Berlin, New York

I   Wissen – Kommunikation – Management

1.   Interkulturelle Kommunikation[1]
Helmwart Hierdeis

1.1   Szenen

Eine junge Chinesin möchte bei der städtischen Fremdenpolizei ihre Aufenthaltsverlängerung beantragen. Der Beamte reicht ihr das Formular und deutet mit dem Finger darauf: „Du da ausfüllen und da unterschreiben!"
Die Frau: „Ich studiere hier an der Universität Deutsch. Sie können ganz normal mit mir sprechen."
Der Beamte: „Noch mal: Du da ausfüllen und da unterschreiben!"
In einer vollbesetzten Münchner Straßenbahn: Eine Türkin mit Kopftuch hat einen Sitzplatz gefunden. Zwei etwa 10- und 12-jährige Mädchen, vielleicht ihre Töchter, stehen neben ihr. Sie schubsen sich gegenseitig und rempeln andere Fahrgäste an. Unwilliges Gemurmel bei den Umstehenden, dann auf Türkisch offenbar eine scharfe Zurechtweisung durch die Frau. Die Mädchen stehen still. „Die blöde Kuh nervt mich vielleicht!", sagt die Ältere laut. „Genau!", stimmt ihr die Jüngere lachend zu.

1.2   Begriffe

Interkulturalität bezeichnet einerseits eine Tatsache heutiger Lebenswirklichkeit, andererseits fungiert Interkulturalität als „analytischer Begriff" in wissenschaftlichen Konzepten, die sich mit der Beschreibung und Deutung dieser Lebenswirklichkeit befassen (Gemende; Schröder; Sting 1999: 11). Das empirische Faktum besteht darin, dass Angehörige verschiedener Kulturen in vielfältiger

---

[1] Bernhard Rathmayr Festschrift zum 60. Geburtstag

Weise miteinander zu tun haben und sich aufeinander beziehen. Eine Lebenswirklichkeit ohne Interkulturalität ist heute nicht mehr denkbar.

Kultur meint üblicherweise alles, was der Mensch in Geschichte und Gegenwart hervorgebracht hat bzw. immer noch hervorbringt und in dem er sich als in seiner Welt wieder erkennt, wie Sprache, Lebensformen, Modifikationen der Umwelt, Techniken, Ideen, Werte, Deutungen, Sinngebungen, Institutionen, in besondere Weise aber

> „...das Ordnungssystem, das unser Wahrnehmen, Bewerten und Handeln steuert, das Repertoire an Kommunikations- und Repräsentationsmitteln, mit denen wir uns verständigen, uns darstellen, Vorstellungen bilden" (Auernheimer 1999: 28).

Kultur in diesem Sinne ist nicht einfach mit „Volk", „Nation", oder „Ethnie" identifizierbar, sondern kann grundsätzlich von jeder sozialen Gruppe hervorgebracht werden. Alle sozialen Systeme sind auf eine Struktur angewiesen, mit deren Hilfe sie ihre Beobachtungen verarbeiten und ein ihnen gemäßes Verhalten generieren können (Heinze 2002: 203).

Menschliche Kommunikation lässt sich umschreiben als die Fähigkeit, mit anderen mittels Zeichen Informationen auszutauschen (z. B. über Wahrnehmungen, Erfahrungen, Wirklichkeitskonstruktionen, Gefühle, Ideen, Ansichten, über die Kommunikation selbst). Sie beruht auf dem Vermögen, mögliche Antworten der Interaktionspartner zu antizipieren und innerlich zu repräsentieren.

> „Damit ist ... das eigene Verhalten an potenziellen Reaktionen von Partnern ausrichtbar. Da der Partner prinzipiell über dieselbe Fähigkeit verfügt, wird ein gemeinsames ... Handeln möglich, das an einem gemeinsam verbindlichen Muster wechselseitiger Verhaltenserwartungen orientiert ist" (Joas 1991: 138 im Anschluss an Mead; vgl. Graumann 1972; Daumenlang 1997: 964-979 mit ausführlicher Bibliographie).

Der Austausch ist an zwei Bedingungen gebunden: Die kommunizierenden Partner verfügen über ein „Gedächtnis", in dem die Zeichen abrufbar aufgehoben sind, und sie können sich auf relativ „stabile Wahrnehmungskontexte" beziehen. „Wären solche Voraussetzungen neurophysiologisch und psychologisch nicht gedeckt, würde jede Kommunikation sofort zusammenbrechen" (Luhmann 2001: 34).

Interkulturelle Kommunikation kann unter drei Aspekten gesehen werden:

Als Bestandteil heutiger Lebenswirklichkeit ist sie der im o.g. Sinne praktizierte, im Hinblick auf Gegenstände und Medien bzw. Kanäle grundsätzlich unbegrenzte Austausch zwischen Einzelpersonen oder sozialen Gruppen, die verschiedenen Kulturen angehören. So weit die historischen Belege reichen, ist sie ein Merkmal der gesamten Kulturgeschichte. Jedenfalls weist die Entwicklung von Sprache, Schrift, Religion, Organisation der Gesellschaft, Gesetzgebung, Technik, Wissenschaft usw. auf kommunikative Prozesse zwischen Kulturen hin. Was sie ausgelöst hat (z.b. Kriege, Suche nach Ressourcen, Warenverkehr, Neugier, missionarische Bewegungen) und ob sie symmetrisch waren, ist an dieser Stelle zweitrangig (vgl. Bauer; Ehmer; Hahn (Hg.): 2002 mit Bibliographie). Die Tatsache, dass Interkulturelle Kommunikation als Begriff erst auftaucht, seitdem – auf der Makroebene – Globalisierungsprozesse (weltweiter Fluss von Verkehr, Gütern, Kapital, Dienstleistungen und Informationen) und Migrationsbewegungen (als massenhafte Arbeits- und Fluchtbewegungen) interkulturelle Konflikte hervorrufen bzw. ankündigen, darf nicht übersehen lassen, dass er grundsätzlich auch auf Lebenswirklichkeiten anwendbar ist, die auf der Meso- und Mikroebene angesiedelt sind, also auf die Beziehungen und den Austausch zwischen Subkulturen oder Milieus.

Als analytischer Begriff bezieht sich Interkulturelle Kommunikation auf die wissenschaftliche Arbeit an Kommunikationsproblemen, die bei der Begegnung von Kulturen entstehen. In Deutschland findet eine solche Auseinandersetzung unter verschiedenen Bezeichnungen und in verschiedenen Disziplinen seit etwa 30 Jahren statt. Sie geht heute von folgenden Einsichten aus:

- Interkulturalität ist ein irreversibler, sich beschleunigender Prozess. Die Abschottung und militante Verteidigung der eigenen Kultur ist auf die Dauer aus humanen und ökonomischen Gründen unmöglich.

- Alle historischen Versuche, eine religiöse, moralische, politische oder auf Rationalität gegründete globale Kultur zu errichten, wie das z. B das Christentum, der Islam, der Marxismus oder die Aufklärung mit unterschiedlichsten Mitteln versucht haben, waren bisher zum Scheitern verurteilt. In der Gegenwart erweist es sich als außerordentlich schwierig, die Staaten und Kulturen der Welt auf einige gemeinsame politische und moralische Prinzipien (z.B. „Menschenwürde", „Gerechtigkeit", „Gewaltenteilung", „individuelle Freiheit") und damit auf ein globales Ordnungssystem für innen- und außenpolitisches Handeln festzulegen.

- Interkulturelle Kommunikation hat ihre materiale und psychologische Basis in der Herkunftskultur. Das Bewusstsein und das Gefühl der Menschen, einer bestimmten Kultur anzugehören, ihre Sprache, ihre Denkformen, ihre ästhetischen Wahrnehmungen, ihre Bewertungen, ihre Verhaltens- und Handlungsmuster sind durch Sozialisation vermittelt und Teil ihrer Identität.

- Alle Kulturen sind plurale Kulturen. Das gilt besonders für jene, die in der Geschichte vielfache Begegnungen mit anderen Kulturen erlebt haben bzw. in der Gegenwart noch erleben. Für plurale Kulturen sind die Kulturen der sog. Westlichen Welt geradezu exemplarisch, weil sie nicht nur zahllose, teilweise gar nicht mehr als fremd zu identifizierende Kulturelemente in sich aufgenommen haben, sondern auch die Angehörigen fremder Kulturen. Kulturelle Identität kann sich also niemals mit vernünftigen Gründen auf eine Kultur berufen, die „rein" und „unverfälscht" ausschließlich „meine" bzw. „unsere" Kultur wäre.

- Interkulturelle Kommunikation ist von zahlreichen Variablen abhängig. Unter ihnen haben besonderes Gewicht die Elemente der kulturellen Differenz (z.B. Sprache bzw. kommunikatives Verhalten, Wertsystem, Bildungsstand, Selbstdefinition, Letztbegründungen, Lebensformen), der Grad der Freiwilligkeit oder Erwünschtheit, mit dem die Kulturen aufeinander treffen, die ökonomische Differenz zwischen ihnen sowie die individuelle und kollektive Konstruktion der jeweils anderen Kultur. Das Ausmaß an „Fremdheit", das anderen Kulturen zugeschrieben wird, bestimmt die kulturellen Unterschiede stärker als sog. harte Fakten.

- In der interkulturellen Lebenswirklichkeit ist eine Tendenz zu „kulturalistischen Konfliktdeutungen" zu erkennen. So werden immer wieder interkulturelle Konflikte diagnostiziert, wo es sich in erster Linie um Auseinandersetzungen handelt, die mit unterschiedlichen Herkunftsmilieus, Generationenverständnissen, Zugängen zum Arbeitsmarkt, Minoritäts- und Majoritätsproblemen, und mit „Modernitätsdifferenzen" zu tun haben (Auernheimer 1996: 117 ff.).

- Auch wenn diese Einsichten oder Prämissen an sich unstrittig sein mögen, so sind sie doch hinsichtlich ihrer Binnenverknüpfung und Gewichtung fortlaufend zu präzisieren.

Interkulturelle Kommunikation ist nicht nur die Bezeichnung für bestimmte Lebenswirklichkeiten und für wissenschaftliche Konzepte, sondern auch für ein Programm. Interkulturelle Konflikte, ob schon eingetreten oder bevorstehend, und das Bedürfnis nach gegenseitiger Bereicherung der Kulturen rufen nach entsprechender Bewusstseinsbildung, Sensibilisierung und Handlungskompetenz.

Wenn Kulturen sich gegenseitig mit dem Etikett „fremd" versehen, dann schreiben sie sich etwas zu, das über das bloße Anderssein hinausgeht. Anderssein an sich ist in einer Welt, die auf der Differenz zwischen allem Seienden aufbaut, die Norm. Sie nicht anzuerkennen, wäre ein Ausweis psychischer Anomalie. Das Fremdsein ist eine spezielle Qualität des Andersseins. Der Blick in die Sprachgeschichte (z.b. Kluge; Mitzka 1960: 21; 217) kann hier zu einer Klärung insofern beitragen, als die Etymologie im „ander" den ursprünglichen Ausdruck für eine Unterscheidung zwischen zwei Objekten (auch Personen) sieht, auch einen Unterschied in der Abfolge („ander" als frühes Wort für die Zahl „zwei"), während „fremd" wortgeschichtlich sowohl eine Entfernung ausdrückt („fern von") als auch eine Bewegung (im Sinne von „vorwärts", „fort"), die von einem Ausgangspunkt wegführt. Verfolgt man diese Spur und bleibt sich dabei bewusst, dass die Etymologie es nicht erlaubt, Normen für ein bestimmtes aktuelles Wortverständnis abzuleiten, dann kann man mit aller Vorsicht den Bedeutungsunterschied zwischen beiden Wörtern darin sehen, dass das „Andere" eher eine deskriptive Funktion innehat, während das „Fremde" eher eine Dynamik zur Sprache bringt, die sich in einer psychischen Befindlichkeit äußert: Was ich als das „Andere" erkenne, ist so, wie es ist; was ich dagegen als „fremd" wahrnehme und bezeichne, hat mit Gefühlen, Bedürfnissen und Beweggründen angesichts des „Anderen" zu tun.

Etwas von der eigenen Warte aus als fern stehend, dem Eigenen nicht zugehörig anzusehen und zunächst einen gewissen Abstand zu ihm zu halten, ist ein Verhalten, das sich in der ganzen menschlichen Phylogenese aufweisen lässt (Eibl-Eibesfeldt 1973; 1986), erst recht dort, wo sie als Kulturgeschichte beschreibbar ist. So grenzen die Griechen und Römer der Antike ihre eigene, als hoch eingeschätzte Kultur gegen andere, als weniger hoch angesehene, „barbarische" Kulturen ab. Durch mehr als 2500 Jahre hindurch lassen sich bei den Völkern Europas Bemühungen um die Reinerhaltung der eigenen Sprache gegenüber Einflüssen aus dem Ausland beobachten. In der Neuzeit sind dafür sichtbare Zeugnisse die im 17. Jahrhundert entstehenden deutschen Sprachgesellschaften, die gegen den Einfluss des Französischen und Italienischen zu Felde ziehen, und die in der gleichen Epoche gegründete Académie Française, die ihrerseits darauf achtet, dass das Französische nicht vom Italienischen, Englischen oder Deutschen unterlaufen bzw. überschwemmt wird (v. Wilpert 1969: 5; 227 f.; 273 f.; 609 f.). Die Abwertung der fremden Sprachen und die (institutionalisierten) Versuche, die „Ursprünglichkeit" der eigenen Sprache und ihre

Bedeutung für die kollektive Identität herauszustreichen, sind vor allem in Zeiten erkennbar, in denen die eigene Kultur schwach, diffus oder gar dem Untergang nahe angesehen wird. Kulturelle Einheit – so die Annahme – drückt sich vorrangig in einer gemeinsamen Sprache aus, und die Kultur wird als umso stärker eingeschätzt, je "reiner" die Sprache ist, über die sie sich artikuliert und je deutlicher die eigene Sprache sich von fremden Sprachen (den Sprachen der Fremden) abhebt. In diesem Sinne ist es nur konsequent, wenn der Philosoph Johann Gottlieb Fichte (1762-1814) in seinen „Reden an die deutsche Nation" den Deutschen zur Zeit der Befreiungskriege gegen Napoleon die Idee zu implementieren versucht, sie hätten als einziges unter den großen Völkern Europas ihre „Ursprache" vor fremden (lateinischen) Einflüssen bewahrt und seien dadurch in besonderer Weise geeignet, das „Urvolk" für die Menschheit zu werden, das alle anderen Völker durch sein Beispiel erziehen könne (Fichte 1896/2; vgl. Schilling 1953: 309; dazu auch die Dokumente bei Erdheim 1988: 237 ff.).

Dass das Fremde (in Gestalt von Sprache, Volk, „Rasse", Lebensart ...) individuelle und kollektive Irritationen auslösen kann und sich daher besonders eignet, für Zwecke des Eigenen in Dienst genommen zu werden, dafür bietet die Geschichte bis in die Gegenwart einen materialreichen Anschauungsunterricht. Aber sie selbst liefert keine hinreichende Begründung dafür, warum das so ist.

Wenn in der Menschheitsgeschichte das Fremde gleichsam zur ständigen Zumutung für die Psyche und der Umgang mit dem Fremden zu einer kulturell zu lösenden Daueraufgabe für Individuen und Gesellschaften werden konnte, dann ist anzunehmen, dass die Wahrnehmung von Fremdheit und das dadurch hervorgerufene Bedürfnis, sich vom Fremden zu distanzieren, phylogenetische und ontogenetische Funktionen erfüllt. Angesichts der Tatsache, dass das Fremde zunächst in Gestalt unbekannter Personen bedrohlich wirkt, ohne dass von ihnen feindselige Signale ausgehen und ohne dass unangenehme Erfahrungen mit ihnen vorliegen, scheidet eine lerntheoretische Erklärung aus. Plausibler erscheint die Annahme, dass das als bedrohlich Angesehene einen Fluchtreflex auslöst, der die Bindung an das Vertraute (Bezugspersonen, Kleingruppe) verstärkt (Eibl-Eibesfeldt 1986: 422; 434; 1973; Hassenstein 1987: 52 ff.). Dieser Reflex gewährt zumindest so lange Sicherheit, bis das Individuum sich an das Unbekannte gewöhnt, d.h. es als bekannt umdefiniert hat oder bis es in der Lage ist, seine eigenen Möglichkeiten ihm gegenüber realistisch einzuschätzen. Die psychoanalytische Entwicklungstheorie liefert eine individualpsychologische Erklärung, die das Gesagte zu präzisieren vermag. Unter Berufung auf S. Freuds Kulturtheorie (1974) und auf Mahlers Bindungskonzept (1978) entwickelt Erdheim (1988: 237 ff.; 258 ff.) die These, dass alle späteren Vorstellungen, Konstruktionen, Phantasien vom Fremden von der Verarbeitung frühkindlicher Trennungserfahrungen abhängig sind. Sobald das Kind nämlich andere Personen als die Mutter erfassen kann (das ist in der Regel nach dem 8. Lebensmonat der Fall), macht es notwendigerweise die Erfahrung, dass es eine „Nicht-Mutter" gibt. Sie ist die erste und grundlegende „Repräsentanz des Fremden" (1988: 258).

Dem Kind stehen nun zwei Strategien zur Verfügung, deren Wahl davon abhängt, in welchem Ausmaß sich das Urvertrauen in der Zeit der Symbiose mit der Mutter bilden konnte: Ist es relativ ungefestigt, so erhöht sich die Wahrscheinlichkeit von Angst- und Fluchtreaktionen; ist es relativ stabil, so antwortet das Kind eher mit Interesse und Neugierverhalten (Erdheim 1988: 258 f. unter Hinweis auf Mahler). Wenn diese Beobachtung zutrifft, dann liegt die Vermutung nahe, dass die Einstellung gegenüber den weiteren Repräsentanten des Fremden („Nicht-Vater", „Nicht-Geschwister", Menschen außerhalb der Familie) erheblich davon beeinflusst wird, welche emotionale Sicherheit es gewonnen, welche Verarbeitungs- und Deutungshilfen es erfahren hat und wie es die stufenweise Trennung von der Mutter bewältigt, die im Rahmen seiner frühen Enkulturation von ihm verlangt wird. Analoges gilt, wenn es später in der Adoleszenz um die Konfrontation mit dem Fremden außerhalb seiner eigenen Kultur (Personen, Völker, Lebensformen, Werte, Symbole, Ideen ...) geht.

Ich nehme an, dass diese Repräsentanz des Fremden ebenso entwicklungsfähig oder stagnierend sein kann, wie diejenigen von Vater und Mutter; sie kann – kontaminiert von den elterlichen Repräsentanzen – die archaischen Züge behalten, die wir in vielen Feindbildern erkennen können, oder sie reift mit der Ich-Entwicklung heran zu einem das Interesse und die Neugierde wach haltenden Moment des Lebens. Gerade dann, wenn man mit Freud den dynamischen, historischen Aspekt der Kultur betont, spielen das Fremde und die Repräsentanz, die man daraus bildet, eine entscheidende, den Wandel vorantreibende oder hemmende Rolle: Das Fremde wird entweder zur Verlockung, durch die das Individuum angeregt wird, die kulturellen Verhältnisse, in denen es lebt, zu verändern, oder aber es wird zur Gefahr, die dazu zwingt, die bestehenden Verhältnisse zu konservieren (Erdheim 1988: 240).

Wie auch immer: „Das Fremde lässt uns nicht gelassen" (Bielefeld 1998: 104). Nach der bedrohlichen wie nach der faszinierenden Seite hin besteht die Gefahr, dass mangelnder Realitätssinn die Einschätzung trübt. Das betrifft die Fremden, denen wir begegnen, wie das Phantasma des Fremden, das wir in uns tragen. Die Mischung von Realem und Imaginärem, von Angst und Anziehung zeigt, dass es nicht nur die objektiven Bedingungen, die messbaren Zahlen, die sichtbaren Orte, die unterschiedlichen Kleider, Sitten und Gebräuche sind, die das Verhältnis von Fremdem und Eigenem bestimmen. In der Beunruhigung, die durch die Fremden ausgelöst wird, steckt ein nicht zu vernachlässigender individueller und kollektiver Eigenanteil. Und es ist eine bestimmte Form kollektiver Identität, die nationale Identifizierung, die das Verhältnis zu den Fremden erst zu einem erfahrungsunabhängigen, prinzipiell prekären Verhältnis macht (Bielefeld 1998: 98).

Der genannte Eigenanteil hat aber noch eine weitere Dimension, die mit der Vergesellschaftung des Heranwachsenden zusammenhängt (und zwar in einer zweifachen Weise): In der Sozialisation treten ihm die Bewertungen des Fremden entgegen: die eher informellen seiner Eltern, seines Milieus, die der diversen Subkulturen, in denen er sich aufhält, und die formellen der gesellschaftlichen Institutionen. Beide unterscheiden sich in der Regel nicht nur voneinander, sondern auch jeweils untereinander, so wenn der Jugendliche in seiner Familie eine gewissen Aufgeschlossenheit gegenüber dem Fremden erlebt, in seiner Jugend- und Freizeitkultur dagegen heftige Ablehnung (bzw. umgekehrt), oder wenn das schulische Unterrichtsprogramm Toleranz gegenüber den Fremden und Interesse an ihrer Kultur propagiert, der junge Mensch aber gleichzeitig die Erfahrung macht, dass die Politik seines Landes eine „Das Boot ist voll"-Strategie praktiziert und das Grundrecht auf Asyl einschränkt.

Es handelt sich hier keineswegs um Bewertungsangebote, die zur freien Wahl stünden. Vielmehr liegen hinter jeder Bewertung Beziehungen, die nicht einfach aufkündbar sind. Jede Übereinstimmung mit einer von Beziehungspartnern vertretenen Bewertung verspricht Nähe, jedes Nein provoziert Konflikte und stellt Beziehungen in Frage. Zwar gehört zur Ich-Entwicklung die Erkenntnis, dass ich nicht mit allen in Harmonie leben kann und eine lebbare Balance zwischen Anpassung und Widerstand finden muss. Ob ich diesen Prozess jedoch bewältige, hängt weitgehend vom Anfang ab: Gespiegelt von den Eltern macht das Kind die Erfahrung, dass sein Eigenes Anteile hat, die nicht erwünscht und daher von ihm selbst zu unterdrücken sind oder von außen unterdrückt werden (Angst, Hass, Aggressionen, aber auch Neugier, Experimentierfreude und Liebe zu „falschen", d. h. von den Eltern abgelehnten Objekten) und dass auch die Eltern Anteile haben, die dem Kind Schmerz zufügen (emotionale Kälte, rigide Kontrolle, Aggressivität, Zwang, Ungerechtigkeit), gegen die es aber machtlos ist. In seiner Position der Schwäche bleibt dem Kind nur ein Ausweg: Menschen übernehmen die Werte ihrer Peiniger aus Angst vor dem Terror, den ein Erleben eigener Impulse nach sich ziehen würde. Bedürftigkeit und Hilflosigkeit machen uns als Säuglinge abhängig von unseren Eltern. Um

20

seelisch zu überleben, brauchen wir ein gewisses Vertrauen darauf, dass die Eltern uns Liebe, Geborgenheit und Schutz geben werden. Kein hilfloses Wesen kann in dem Bewusstsein existieren, dass die Menschen, auf die es physisch und psychisch angewiesen ist, seinen Bedürfnissen kalt und gleichgültig gegenüberstehen. Diese Angst wäre unerträglich, ja tödlich. Unser Überleben als Kind hängt also davon ab, dass wir uns mit den Eltern arrangieren – und zwar auch und vor allem dann, wenn die Eltern tatsächlich kalt und gleichgültig oder grausam und unterdrückend sind.

In diesem Fall ... wird (das Eigene) als etwas Fremdes abgespalten. Das Kind kann die Eltern nur unter der Voraussetzung als liebevoll erleben, dass es ihre Grausamkeit als Reaktion auf sein eigenes Wesen interpretiert – die Eltern sind grundsätzlich gut; wenn sie einmal schlecht sind, ist es unsere eigene Schuld. So wächst in uns die Scham, dass wir so sind, wie wir sind. Damit übernimmt das Kind die lieblose Haltung der Eltern sich selbst gegenüber. Alles, was ihm eigen ist, wird abgelehnt und entwickelt sich zur potenziellen Quelle eines inneren Terrors. Seine Gefühle, seine Bedürftigkeit, seine Art der Wahrnehmung werden zu einer existenziellen Bedrohung, weil sie die Eltern dazu veranlassen könnten, ihm die lebensnotwendige Fürsorge zu entziehen. Die Folge ist eine Identifikation mit den Eltern. Das Eigene wird als etwas Fremdes verworfen, stattdessen übernehmen wir die kinderfeindliche Haltung der Eltern (Gruen 2002: 14 f.).

Das Ergebnis dieser Abspaltung ist ein doppeltes: Auf der einen Seite entspannt sich die Beziehung zu den Eltern und bleibt so lange „in Ordnung", als das Fremde gemieden und gemeinsam mit den Eltern verurteilt wird. Die Identifikation kann dabei so tief verankert sein, dass sie nicht auf die unmittelbare Anwesenheit der Eltern angewiesen ist und noch über deren Tod hinausreicht. Auf der anderen Seite kann das Abgespaltene eine eigene Dynamik entfalten: „Erhalten sich diese Spaltungstendenzen als Grundmuster der psychischen Abwehr, so baut sich die Fremdenrepräsentanz allmählich zum Monsterkabinett aus. Der Fremde wird zum Begriff des Bösen, Gemeinen, Hässlichen" (Erdheim 1988: 260).

Gehört es zur Erziehungstradition einer Gesellschaft und zu ihrer aktuellen pädagogischen Praxis, in der Sozialisation das Eigene des Kindes zu unterdrücken und auf dessen Identifikation mit seinen Eltern/Erziehern zu setzen, dann entstehen nicht nur zahllose individuelle Abspaltungsprozesse, die eine problematische Fremdenrepräsentanz nach sich ziehen können, sondern es bildet sich darüber hinaus durch gesellschaftliche Kommunikation und auf der Basis einer meist unreflektierten Geschichte eine kollektive Identität und ein kollektives Fremdenbild mit je nachdem „völkischen", nationalen, ethnischen, rassistischen Zügen. Sie legen fest, wer „dazugehört" und wer nicht, wer „drinnen" ist und wer „draußen" zu sein hat, wer als „gut" und „böse", „friedlich" und „gefährlich", „normal" und „unnormal" anzusehen ist (Baumann 1988: 34; zur pädagogischen Seite Adick 1997: 262). Mit Fremden gibt es keine Gemeinsamkeiten; von ihnen ist nichts zu lernen (Erdheim 1988: 262). Da sie die eigene Identität dauernd stören, wird ihr Einfluss begrenzt und ihre Präsenz minimiert. Polemisch ausgedrückt: Man praktiziert kulturelle Offenheit allenfalls durch multikulturellen Konsum (Gastronomie, Lebensmittel, Textilien, Kunstgewerbe, Reiseandenken, Autofabrikate, Prostitution). Man verstärkt sich multiethnisch im Sport, genießt exotische Folklore, sucht in Ferienreisen die Fremden und ihre Kultur massenhaft an ihren Orten auf (um dort, wie beim „Ballermann-Syndrom", unter sich zu bleiben) und holt Fremde als Touristen oder – auf längere Zeit – für bestimmte Dienstleistungen ins Land, in der Hoffnung, sie nach getaner Arbeit wieder los werden zu können. Aber weder tritt man mit ihnen in einen wirklichen kulturellen Austausch, noch integriert man sie bürgerrechtlich (vgl. Bielefeld 1998: 118 f.). Der Umgang mit den Vertretern anderer Kulturen zeigt die Neigung der einheimischen Kultur, deren „Anderssein" in ethnozentristischer Weise als „fremd" zu definieren und es für die Konstruktion einer sozialen Asymmetrie zu funktionalisieren. Sie wird durch subtile wie durch laut propagierte Abwertungen ebenso gestützt wie durch ständige Verweise auf den Minoritätenstatus der Fremden, durch rigide Assimilationsforderungen (d.h. durch Forderungen, auf einen Teil ihrer Identität zu verzichten), durch Andeutung der Gefahren, die von ihnen ausgehen (Arbeitsplätze, Kriminalität) und letzten Endes durch die Aufrechterhaltung rechtlicher Ungleichheit.

Die mit der Frage der Zuwanderung besonders befassten Länder sehen das Problem von Fremdheitsenklaven und daraus entstehender sozialer Spannungen, ziehen aber unterschiedliche Schlüsse daraus. Die Vereinigten Staaten z. B verließen sich lange auf ihre „melting pot"-Ideologie, bevor sie um 1970 begannen, die Frage wissenschaftlich, politisch und pädagogisch anzugehen. In Westeuropa vertreten die meisten Länder defizitorientierte und damit auf die Zurückweisung oder, wenn nicht anders möglich, auf Assimilation der Zuwandernden bedachte Strategien. Ausnahmen bilden die Niederlande und Schweden, die sich, trotz unterschiedlicher historischer Verflechtungen mit dem Problem, zur kulturellen Vielfalt bekennen (Auernheimer 1996: 16 ff.). Integration wird in der Regel als Bringschuld angesehen. In politischer Hinsicht bedeutet das die rigide Begrenzung des Zuzugs, ein nachdrückliches Interesse an Rückwanderung, Erschwernisse bei der Gewährung von Bürgerrechten und eine eher widerwillige und daher schwache Institutionalisierung von Integrationshilfen. So gibt es in Deutschland von der Bundesregierung bis zu den Kommunen Ausländerbeauftragte, dazu auf unterschiedlichen Ebenen angesiedelt Ausländerbeiräte, Ausländerberatungsstellen, Stellen für interkulturelle Zusammenarbeit, Ombudsfrauen/-männer für Ausländer sowie unter verschiedenen Bezeichnungen weitere Institutionen. Aber ein Großteil der Bemühungen um den Abbau von gegenseitigen Vorurteilen und um praktische Lebensbewältigung bleibt privaten Initiativen überlassen (Nachbarschaftshilfe, Stadtteilfeste, interkulturelle Folklore, Kulturvereine, ökumenische Begegnungen ...).

Für die Schule in Deutschland wäre zwar spätestens seit Beginn der 50er Jahre die Bearbeitung des Nationalsozialismus die Chance schlechthin gewesen, die nachwachsende Generation mit der Konstruktion von Fremdheit und ihren Folgen vertraut zu machen, aber sie wurde weithin nicht genützt (möglicherweise weil dieser Teil der Geschichte selbst Opfer einer Abspaltung als „fremd" wurde). Erst mit dem Auftauchen der „Gastarbeiter" und ihrer Familien am Ende der 50er Jahre und den seit den 80er Jahren kommenden Kriegsflüchtlingen, Wirtschaftsflüchtlingen, Aussiedlern und Asylbewerbern wurde die Frage virulent, was die Gesellschaft über ihre Erziehungs- und Bildungsinstitutionen zu leisten hätte, um das gegenseitige Verständnis zu fördern und die aller Voraussicht nach bleibenden ausländischen Jugendlichen auf ein Leben und Arbeiten in Deutschland vorzubereiten (vgl. Auernheimer 1996: 4 ff.; 37 ff.; 49 ff.; Sekretariat der Ständigen Konferenz der Kultusminister: 1996).

1.4   Fremdheit als Ressource (redigiert von Thomas Heinze)

Ergänzend zu dem individualpsychologischen Zugriff auf das Phänomen Fremdheit sollen nun einige wissenssoziologische Aspekte zu diesem Thema referiert werden (im Anschluss an H. G. Soeffners moderierte Fernsehsendung „Fremde in Deutschland" WDR III 1984). Als Fremder (vgl. hierzu auch den Beitrag von Leifeld in diesem Band) wird normalerweise derjenige bezeichnet, der von außen in ein für ihn fremdes Land kommt und dort, unvertraut mit den jeweiligen Sitten und Gebräuchen, sowohl durch seine andersartige äußere Erscheinung als auch durch sein für die Einheimischen befremdlich wirkendes Verhalten, auffällt. So erfährt man das Phänomen der Fremdheit im Urlaub in einem anderen Land, wird dort doch nicht nur die sprachliche Verständigung zu einem Problem, auch die Erfahrung anderer Verhaltensgewohnheiten und eines anderen Lebensstils beeinflusst das Verhältnis zu den sog. Einheimischen. Doch im Urlaub erwartet man das Fremde und Exotische geradezu. Eingeborene, ob Italiener, Griechen, Spanier sind Teil der anderen Kultur, ihre Erscheinung und ihr Auftreten sind insofern nicht ungewöhnlich als dies vom Urlauber erwartet wird. Ist der Urlaub beendet, so ändert sich häufig auch die Beziehung zum Fremden, dabei werden nicht alle Ausländer abgelehnt, doch oft genug ist der Italiener, Grieche oder Spanier nicht mehr der freundliche Kellner in einer südländischen Taverne, sondern er wird als Konkurrent am Arbeitsplatz empfunden, der eine Bedrohung für den gesellschaftlichen Frieden darstellen soll. Nun zeigt aber ein Blick auf die eigene Gesellschaft, wie wenig aussagekräftig die Kategorie der Fremdheit eigentlich ist, denn es scheint eine Grundtatsache zu sein, dass Menschen einander prinzipiell fremd sind.

Die Gesellschaft weist genügend Gruppen auf, die dem sog. Normalen fremdartig genug erscheinen. So weichen beispielsweise Stadtstreicher, allein schon durch ihr Auftreten und ihre Erscheinung bei den Normalitätsvorstellungen des Durchschnittsbürgers ab. Das Phänomen der Fremdheit lässt sich aber noch viel allgemeiner fassen. Fremdheit muss nicht in irgendeiner exotischen Ferne gesucht werden, sie ist vielmehr Bestandteil jeder komplexen Gesellschaft und das Ergebnis wechselseitiger Definitionen, bei denen Ausschluss von einer und Zugehörigkeit zu einer Gruppe definiert wird vor dem Hintergrund dessen, was die definierende Gruppe für normal und vertraut hält.

Das Prinzip jeder gesellschaftlichen Gruppe ist die Selbst- oder Fremddefinition durch äußere Merkmale oder Embleme. So liefern sowohl der Gamsbart am Hut, die Schärpe und die Tracht als auch die Lederjacke mit Nieten und die Fahrradkette als Halsschmuck Anhaltspunkte für die Zuordnung eines Individuums zu einer bestimmten Norm- und Werthaltung. Äußere Merkmale oder Embleme sind symbolische Verweise auf bestimmte gesellschaftliche Haltungen und eine spezifische Wertorientierung, wobei die mit der symbolischen Selbstklassifikation übernommenen Einstellungen sowohl vom common-sense des Normalbürgers abweichen als auch dessen Normalitätsvorstellungen entsprechen können.

Jede Gesellschaft nutzt Definitionen für und von Fremdheit zur Bestätigung der eigentlichen vermeintlichen Normalität. Während die Normalität des Punks beispielsweise darin besteht, durch eine antigesellschaftliche Haltung den Durchschnittsbürger zu provozieren und als Spießer und Reaktionär darzustellen, so nimmt umgekehrt der Normalbürger den sog. Abweichler zum Anlass, die Richtigkeit seiner eigenen Moralvorstellungen und Einstellungen bestätigt zu sehen. Es scheint, als wenn die Andersartigkeit der jeweils anderen Gruppe dazu genutzt wird, das eigene Weltbild zu bestätigen. Bei aller indirekten Gemeinsamkeit zwischen Punk und Durchschnittsbürger sind doch die Reaktionen der Gesellschaft auf die Personengruppen unterschiedlich. Der Bayer im Trachtenanzug kann mit dem wohlwollenden Beifall der überwiegenden Mehrheit der Bevölkerung rechnen, während sich der Punk mit Vorurteilen und Angriffen auseinandersetzen muss.

Fremdheit stellt innerhalb einer Gesellschaft die normalen Deutungen der Realität in Frage, in denen z. B. erkennbar wird, dass es auch andere als die gewohnten Möglichkeiten des Denkens und Handelns gibt. Obwohl paradoxerweise jede Gesellschaft Fremdheit braucht, um zu bestimmen, was normal ist, schützt sie sich häufig genug doch vor einem möglichen Zusammenbruch der normalen Ordnung durch den Aufbau von Abwehrmechanismen gegen sog. Überfremdung. Die Abwehr des Fremden ist die Angst vor der Erkenntnis, dass die eigene Normalität nur einen möglichen Ausschnitt aus einer Vielfalt von anderen Handlungs- und Erfahrungszusammenhängen darstellt. Effizienz, Anpassungs- und Überlebensfähigkeit einer Gesellschaft zeigen sich u. a. daran, wie sie mit dem Fremden umgeht. Je mehr sich eine Gesellschaft vor der Fremdheit und Andersartigkeit schützen muss, desto starrer und damit gefährdeter ist sie.

Zu konstatieren ist, dass das Fremde und die Fremdheit zu den allgemeinsten und auch frühesten Erfahrungen gehören, die jeder von uns macht. Wir lernen schon als Kinder mit Fremden umzugehen und wir erfahren, dass wir für andere fremd sind. Paradox formuliert: Fremdheit und Fremdsein gehören zu den uns vertrautesten Erfahrungen. Und so genau wir wissen, dass wir, je nach unserer sozialen Umgebung, als Fremde oder Insider in einer Gesellschaft oder außerhalb einer Gesellschaft stehen, drin oder draußen sind, genauso wissen wir, dass Fremdheit das Ergebnis einer Perspektive, einer sozialen Definition ist. Diejenigen, die innerhalb einer dominierenden Bezugsgruppe stehen, definieren den außen Stehenden als fremd. Nun bestehen komplexe Gesellschaften aus unterschiedlichen Gruppen und Gemeinschaften. Man gehört so auch dann z.B. als Steuerzahler einer Gesellschaft an, wenn man keiner der sie tragenden Gemeinschaften und Gruppen angehört. Fremder in einer Gesellschaft zu sein, bedeutet zugleich, als Gesellschaftsmitglied in ihr und als Nicht-Mitglied einer der sie tragenden Gemeinschaften außerhalb der Gesellschaft zu sein. Man ist Mitglied eines sozialen Verbandes, der einen als Nicht-Mitglied definiert. Der Grund für die Ablehnung des Fremden besteht in der Bedrohung des Gewohnten, der uns vertrauten Denkweisen, Handlungsroutinen und Wirklichkeitsdeutungen. Der Fremde zeigt uns durch sein Handeln, dass alles auch anders sein und anders gesehen werden könnte als wir glauben und hieran wird deutlich, dass in der vermeintlichen Bedrohung durch den Fremden eine gesellschaftliche Chance liegt. Der Fremde zeigt uns Alternativen zum Gewohnten. Er kann uns in ein objektiveres und distanzierteres Verhältnis zu uns selbst führen. Er zwingt uns, Gewohnheiten und Überzeugungen zu überprüfen und er ist damit eine wesentliche Hilfe für uns, mit neuartigen Situationen fertig zu werden, in denen wir mit unseren alten Routinen gescheitert wären. Komplexe Gesellschaften, die auf komplexe Probleme reagieren müssen, sind gezwungen, von Fremden zu lernen, wenn sie nicht an ihren alten Gewohnheiten zugrunde gehen wollen. Die Fremden innerhalb unserer Gesellschaft werden zwar als Bedrohung des uns Vertrauten erlebt, sind jedoch eine Chance für uns, uns selbst gegenüber eine objektivere Sichtweise zu gewinnen und neue Handlungsmöglichkeiten zu entdecken.

1.5 Ziele und Möglichkeiten Interkultureller Kommunikation

Wenn Interkulturalität ein irreversibler, in der Gegenwart sich stark beschleunigender und verdichtender Prozess ist, der neben großen Chancen auch ein erhebliches Konfliktpotenzial in sich birgt, dann ist es Aufgabe Interkultureller Kommunikation,

- über den Prozess der Interkulturalität, seine Bedingungen und seine historische Dimension aufzuklären,

- den Prozess durch den Abbau von Vorurteilen, Ungerechtigkeiten und Gewalt zu entdramatisieren,

- den Prozess durch Toleranz und den Willen zur Verständigung zu humanisieren,

- den Prozess für die kritische Überprüfung der eigenen Kultur und für eine Verbesserung der gemeinsamen Lebenswirklichkeit nutzbar zu machen und

- den Prozess durch die Entwicklung von Spielregeln und das Erlernen von Kompetenzen (z.B. elaborierte Muttersprache, gründliche Kenntnis der eigenen Kultur und ein positives Verhältnis zu ihr, Fremdsprachen, Verständnis von Symbolen der jeweils anderen Kultur, Kenntnis ihrer Selbstdefinition und ihres Wertesystems, angemessener Umgang mit dem Phänomen Fremdheit, selbstreflexive Relativierung der eigenen Kultur, Frustrationstoleranz ...) praktisch zu bewältigen.

Damit Interkulturelle Kommunikation diesen Aufgaben gerecht werden kann, sind mögliche „Kommunikationsbarrieren" ins Auge zu fassen, die das gegenseitige Verständnis blockieren können. In einem Überblick über sprachwissenschaftliche Zugänge zur Interkulturellen Kommunikation (Sprechakttheorie, Diskursanalyse, Konventionsanalyse, Theorie der kulturspezifischen kommunikativen Codes) führt Auernheimer (1996: 130 ff.) eine Reihe von Problemen auf, die sich in folgende Fragen übersetzen lassen:

• Auf welche Weise wollen Sprecher durch ihr Sprechen (durch ihre Sprechhandlungen) auf ihre Interaktionspartner einwirken?

• Wie sind die Handlungskontexte beschaffen, aus denen heraus das Sprechen erfolgt?

• Wie werden durch Sprechakte Beziehungen definiert?

• Auf welche kulturspezifische Weise werden Kontakte aufgenommen, verbale und nonverbale Botschaften interpretiert? Welche Rolle spielen dabei die durch kulturelle, religiöse, linguistische, historische und biologische Unterschiede bedingten Differenzen des Erfahrungshintergrundes?

• Wie wirken sich Intonation, Gesichtsausdruck und Haltung als verdeckte Informationen auf die Kommunikation in verschiedenen Handlungszusammenhängen aus?

• Welchen kulturspezifischen Regeln folgt die Äußerung einer bestimmten Intention?

• Wie wird ein Sprecherwechsel zwischen den Kommunikationspartnern organisiert?

• Wie wird ein Gespräch in Gang gebracht, wodurch bleibt es in Gang, wer entscheidet über sein Ende?

• Wie sehen die gegenseitigen Erwartungen der Interaktionspartner in verschiedenen Handlungszusammenhängen aus?

• Was stört die Kommunikation, und was kann zu ihrem Abbruch führen?

• Worin besteht das intuitive Wissen über Normalformen der Kommunikation, das die Gesprächspartner leitet?

• Welche Gesprächsformen gibt es nur in der einen Kultur und in der anderen nicht?

• Wie wirkt sich der unterschiedliche Handlungsdruck auf das gegenseitige Verständnis aus?

• Welche Annäherungs- und Abgrenzungsstrategien werden in den jeweiligen kulturellen Umgangsformen verfolgt?

• Inwieweit werden durch Kooperation an gemeinsamen Aufgaben interkulturelle Missverständnisse verringert?

- Inwieweit lösen unterschiedliche Erwartungen an die eigene und an fremde Rollen Missverständnisse aus?

Diese Fragen lassen sich auf vierfache Weise lesen: als Forschungsprogramm, als Erklärung für die Schwierigkeiten Interkultureller Kommunikation, als Sensibilisierungsraster für die Beteiligten und als Hinweise auf zu erwerbende Qualifikationen. Alle vier Lesarten sind nur sinnvoll vor dem Hintergrund einer Grundsatzentscheidung: Da der Ort Interkultureller Kommunikation, sofern sie hierzulande stattfindet, demokratisch definiert ist, wird dem kommunikativen Handeln eine virtuell gleichgewichtige, symmetrische Situation präskriptiv vorausgesetzt. Das bedeutet: Alle an einer kommunikativen Situation Beteiligten können ihre Vorstellungen, Absichten und Gefühle offen legen; sie müssen ihre Ansprüche legitimieren und sie für prinzipiell revidierbar halten. Alle Kommunikation erfolgt unter dem Ideal eines möglichen Konsenses (Habermas 1981; Berger; Ratschiller; Schmidt 2002: 185).

Für Interkulturelle Kommunikation ist das eine noch anspruchsvollere Vorgabe als für Kommunikation im allgemeinen, weil hier die Verständigungsbereitschaft erst angebahnt werden muss und die Verständigungsinstrumente aufwendiger zu erwerben sind. Seit etwa 30 Jahren gibt es dazu in Deutschland eine wachsende Zahl von Versuchen und Modellen in der Vorschulischen Erziehung, in der Schule, in der Jugendarbeit und in der Erwachsenenbildung (vgl. die Übersicht bei Auernheimer 1996: 224 ff.; zur internationalen Situation Borelli; Hoff 1988)). Sie folgen der Einsicht, dass Interkulturelle Kommunikation nur möglich ist, wenn sie die Identität mit der Herkunftskultur zu bewahren sucht (Prinzip der Bikulturalität; vgl. Berger; Ratschiller; Schmidt 2002: 188). Praktisch gelingt das nur auf der Basis einer elaborierten Muttersprache. Gerade für Kinder ist das von größter Bedeutung, weil davon die Entwicklung eines positiven Selbstbildes, die Bildung der Identität, die Verständigung mit den Eltern und nicht zuletzt die weitere kognitive Entwicklung abhängen (Fthenakis in Auernheimer 1996 218; Deutsches PISA-Konsortium (Hg.): 2001). Bei den Migranten muss dann die Sprache des aufnehmenden Landes hinzukommen (Prinzip der Bilingualität). Die Didaktik des Deutschen als Zweitsprache hat dafür Unterrichtskonzepte entwickelt, die auch die nonverbale Kommunikation einschließen (vgl. Apeltauer 1986: 134 ff.; Dorn; Tumat 1990: 317 ff.). Was den Deutschunterricht mit Kindern aus dem Ausland angeht, vertritt O. Schober die Auffassung, „dass ungewohnte Einstellungen und Kommunikationsweisen hervorragende Anlässe zu einem vertieften Verständnis des Eigenen und des Fremden sowie zur Suche nach grundlegenden Gemeinsamkeiten sind" (1997: 224). Vorausgesetzt, die ausländischen Schüler verfügen bereits über eine volle

Sprachkompetenz in der Zweitsprache, sieht Schober in den Teilgebieten des Deutschunterrichts folgende Möglichkeiten:

Im ‚mündlichen Sprachgebrauch' bieten die Erfahrungen der ausländischen Schülerinnen und Schüler in einer für sie fremden Umgebung ergiebige Sprech-, Spiel- und Reflexionsanlässe. Insbesondere Rollenspiele eignen sich, zur gegenseitigen Verständigungsbereitschaft und zur Integration von ‚Außenseitern' anzuhalten. Ebenso können die Unterschiede im Familienleben, in der Freizeitgestaltung, im Erleben der Arbeitswelt und in den Berufswünschen bei deutschen und ausländischen Schülerinnen und Schülern in Spiel und Diskussion erfahrbar gemacht werden.

Vertiefungsmöglichkeiten ergeben sich im ‚schriftlichen Sprachgebrauch'. Schreibthemen können auch die Gefühle sein, die bei gegenseitigen Kontaktnahmen und gelungenen Verständigungsversuchen auftraten. Für deutsche Schülerinnen und Schüler sind auch Texte über Feiern und Bräuche im Familienleben aufschlussreich. Dabei gilt als Prinzip der Besprechung, im Fremden immer auch nach dem zu suchen, was für uns ähnlich und den Kulturen gemeinsam ist. Im Rechtschreib- und Grammatikunterricht gibt es immer wieder Möglichkeiten, Sprachsysteme ansatzweise zu vergleichen. Es ist aufschlussreich und dem Verständnis förderlich, zu wissen, wo aufgrund des Systems der Erstsprache beim Erlernen der Zweitsprache Fehleranfälligkeiten bestehen. Zudem kann der Blick für Besonderheiten des eigenen Sprach- und Schreibsystems geschärft werden, wenn man von der anderen Bauweise anderer Sprachen erfährt. Auch bezüglich semantischer Probleme, etwa angesichts unserer Redensarten und Sprichwörter, wird man auf das Kulturspezifische von Ausdrucksweisen stoßen. Der Literaturunterricht in der multiethnischen Regelklasse wird die unterschiedlichen Primärrezeptionen von Texten beachten und im Hinblick auf die jeweilige Sozialisation der Kinder und Jugendlichen diskutieren. Eine andere Chance interkulturellen Lernens im Literaturunterricht liegt im Vergleich der jeweiligen Bestände volkstümlicher Dichtung. Auch unter sprachdidaktischem Aspekt ist die Kenntnis von Volksdichtung für die Alltagskommunikation unerlässlich, beziehen wir uns doch ständig in Anspielungen, bildhaften Ausdrücken u. ä. auf Märchengestalten und sonstige literarische Figuren und Motive (Schober 1997: 224 f.). Dass gegenwärtig weder eine hinreichende bilinguale Ausbildung für Kinder aus dem Ausland stattfindet noch eine angemessene muttersprachliche Bildung der einheimischen Jugend und welche Folgen diese Defizite für die Allgemeinbildung und das interkulturelle Verständnis nach sich ziehen, hat soeben die sog. PISA-Studie vor Augen geführt (Deutsches PISA-Konsortium (Hg.): 2001).

Auch wenn ein Deutschunterricht der beschriebenen Art nicht nur eine funktionale Zweitsprache für Ausländer erreichen möchte, sondern – auf dem Weg der Reflexion über die Sozialisation in den Herkunftskulturen – ein vertieftes gegenseitiges Verständnis anzubahnen versucht, so bleibt als pädagogisch-didaktisches Desiderat der angemessene Umgang mit der Fremdheit als kollektive und individuelle Konstruktion. Erstere lässt sich in Unterrichtsfächern bearbeiten, die im Rahmen ihrer Curricula literarische, politische und Alltagstexte analysieren (Deutsch, Geschichte, Sozialkunde/Politische Bildung, Philosophie) oder kritische Ikonographie betreiben (Kunsterziehung). Letztere verlangt nach einer Sozialisation, die von Anfang an durch Angstfreiheit und Offenheit gekennzeichnet ist. Für die primäre Sozialisation setzt das zuverlässige Bindungen voraus, für die sekundäre Sozialisation gezielte interkulturelle Erfahrungen in Kindergarten, Schule und Freizeit, dazu Reflexionsangebote in einem Rahmen, der nicht nur gut gemeinte positive Gefühle, sondern auch die sanktionsfreie Äußerung von Vorurteilen, Ängsten, Frustrationen und Aggressionen angesichts der „fremden" Kulturen und ihrer Repräsentanten zulässt und in dem diese „negativen" Impulse kompetent bearbeitet werden. Interkulturelle Kommunikation verfolgt als Minimalziel, das in den Alltag unvermeidlicher Interkulturalität eingelagerte Konfliktpotenzial zu entschärfen. Als Maximalziel verfolgt sie den Aufbau einer Kultur der Kulturen, „in der sich die vielen Identitäten begegnen, um ihr Selbst durch die Dimension eines anderen Selbst zu bereichern" (Berger; Ratschiller; Schmidt 2002: 188; vgl. Gogolin; Krüger-Potratz; Meyer 1998). In beiden Fällen ist es notwendig, die „soziale Normalität" pluraler Lebensstile und -formen (Radtke 1998: 91) in eine mentale und psychische Normalität zu verwandeln – und sich durch die Distanz zu den Zielen nicht entmutigen zu lassen.

1.6 Epilog

Eine aufklärende, angstfreie und kompetente Interkulturelle Kommunikation mag das zwanghafte Festhalten an der Konstruktion von Fremdheit, wie es die erste eingangs beschriebene Szene wiedergibt, vermeiden helfen. Situationen der zweiten Art wären in einer anderen Umgebung vielleicht nur der Ausdruck eines ganz gewöhnlichen innerfamiliären Konflikts. Im vorliegenden Fall verweist die Szene jedoch auf eine „Modernitätsdifferenz", die umso schwerer zu bearbeiten ist, je stärker sich die Kultur der Minorität in ihrer Identität bedroht fühlt und je weniger es gelingt, die Erwachsenengeneration der Zugewanderten in die Interkulturelle Kommunikation einzubeziehen.

Übungsaufgabe 1:

Zeichnen Sie die psychoanalytische Erklärung für die individuelle Konstruktion von Repräsentanten des Fremden und deren gesellschaftliche Auswirkungen nach.

Literatur

Adick, Chr. (1997): Kolonialpädagogik. In: Hierdeis, H./Hug, Th. (Hg.): Taschenbuch der Pädagogik Bd.3. Baltmannsweiler: (5. Aufl.): 952-964

Apeltauer, E. (1986): Kultur, nonverbale Kommunikation und Zweitspracherwerb. In: Rosenbusch, H. S./Schober, O. (Hg.): Körpersprache in der schulischen Erziehung. Baltmannsweiler: 134-169

Auernheimer, G. (1999): Notizen zum Kulturbegriff unter dem Aspekt interkultureller Bildung. In: Gemende, M./Schröer, W. /Sting, St. (Hg.): 27-53

Auernheimer, G. (1996): Einführung in die interkulturelle Erziehung. Darmstadt: (3. Aufl.)

Bauer, I./Ehmer, J./Hahn, S, (Hg.) (2002): Walz, Migration, Besatzung. Historische Szenarien des Eigenen und des Fremden. Klagenfurt

Baumann, Z. (1998): Moderne und Ambivalenz. In: Bielefeld, U. (Hg.): 23-49

Berger, W./Ratschiller, K./Schmidt, E. (2002): Begegnung von Fremden. In: Liebhart, K./Menasse, E./Steinert, H. (Hg.) (2002): 183-198

Bielefeld, U. (Hg.) (1998): Das Eigene und das Fremde. Neuer Rassismus in der Alten Welt? Hamburg

Bielefeld, U. (1998): Einleitung. In: ders.: 9-19

Bielefeld, U. (1998): Das Konzept des Fremden und die Wirklichkeit des Imaginären. In: ders. (Hg.): 97-128

Bizeul, Y. u.a. (Hg.): Vom Umgang mit dem Fremden. Weinheim/Basel: Beltz

Borelli, M./Hoff, G. (Hg.) (1988): Interkulturelle Pädagogik im internationalen Vergleich. Baltmannsweiler

Daumenlang, K./Heinrich, Th. (1997): Kommunikationstheorien. In: Hierdeis, H./Hug, Th. (Hg.): Taschenbuch der Pädagogik, Bd. 3 Baltmannsweiler. (5. Aufl.): 964-979

Deutsches PISA-Konsortium (Hg.) (2001): Pisa 2000: Basiskompetenzen von Schülerinnen und Schülern im internationalen Vergleich. Opladen

Eibl-Eibesfeldt, I. (1986): Grundriß der vergleichenden Verhaltensforschung. München (6. Aufl.)

Eibl-Eibesfeldt, I. (1973): Der vorprogrammierte Mensch. Das Ererbte als bestimmender Faktor im menschlichen Verhalten. Wien

Erdheim, M. (1988) (Hg.): Psychoanalyse und Unbewußtes in der Kultur. Frankfurt

Erdheim, M. (1988): Zur Ethnopsychoanalyse von Exotismus und Xenophobie. In: ders. (Hg.): 258-265

Erdheim, M. (1988): Die Repräsentanz des Fremden. Zur Psychogenese der Imagines von Kultur und Familie. In: ders. (Hg.): 237-251

Fichte, J. G. (1896): Reden an die deutsche Nation. Bd. 2, hg. v. Th. Vogt. Langensalza

Freud, S. (1974): Totem und Tabu. Studienausgabe IX. Frankfurt: 287-444

Freud, S. (1974): Das Unbehagen in der Kultur. Studienausgabe IX. Frankfurt: 191-270

Gemende, M./Schröer, W./Sting, St. (Hg.) (1999): Zwischen den Kulturen. Pädagogische und sozialpädagogische Zugänge zur Interkulturalität. Weinheim/München

Gemende, M./Schröer, W./Sting, St. (Hg.) (1999): Pädagogische und sozialpädagogische Zugänge zur Interkulturalität. In: dies. (Hg.): 7-24

Gogolin, I./Krüger-Potratz, M./Meyer, M. A. (Hg.) (1998): Pluralität und Bildung. Opladen

Graumann, C. F. (1972): Interaktion und Kommunikation. In: ders. (Hg.): Handbuch der Psychologie Bd.7/2. Göttingen

Gruen, A. (2002): Der Fremde in uns. Stuttgart

Habermas, J. (1981): Theorie des kommunikativen Handelns. 2 Bde. Frankfurt

Hassenstein, B. (1987): Verhaltensbiologie des Kindes. München (4. Aufl.)

Heinze, Th. (2002): Kultursponsoring, Museumsmarketing, Kulturtourismus. Ein Leitfaden für Kulturmanager. Wiesbaden

Horn, D./Tumat, A. S. (1990): Der Deutschunterricht für Kinder mit fremder Muttersprache. In: Lange, G. (Hg.): Taschenbuch des Deutschunterrichts Bd.1. Baltmannsweiler: 317-338

Joas, H. (1991): Rollen- und Sozialisationstheorien in der Sozialisationsforschung. In: Hurrelmann, K./Ulich, D. (Hg.): Neues Handbuch der Sozialisationsforschung. Weinheim/Basel: 137-152

Kluge, F./Mitzka, W. (1960): Etymologisches Wörterbuch der deutschen Sprache. Berlin

Krüger-Potratz, M. (2002): Tradition und Transformation-ein historischer Blick auf den Umgang mit Pluralität. In: Achtenhagen, F./Gogolin I. (Hg.): Bildung und Erziehung in Übergangsgesellschaften. Beiträge zum 17. Kongress der Deutschen Gesellschaft für Erziehungswissenschaft. Opladen: 95-109

Liebhart, K./Menasse, E./Steinert, H. (Hg.) (2002): Fremdbilder, Feindbilder, Zerrbilder. Zur Wahrnehmung und diskursiven Konstruktion des Fremden. Klagenfurt

Luhmann, N. (2001): Das Erziehungssystem der Gesellschaft. Hg. v. Dieter Lenzen. Frankfurt

Mahler, M. S. (1978): Die psychische Geburt des Menschen. Frankfurt

Radtke, F.-O. (1998): Lob der Gleich-Gültigkeit. Die Konstruktion des Fremden im Diskurs des Multikulturalismus. In: Bielefeld, U. (Hg.): 79-96

Schilling, K. (1953): Geschichte der Philosophie Bd. II. Die Neuzeit. München/Basel

Schober, O. (1997): Deutschunterricht. In: Hierdeis, H./Hug, Th. (Hg.): Taschenbuch der Pädagogik Bd.3. Baltmannsweiler (5. Aufl.): 202-229

Sekretariat der Ständigen Konferenz der Kultusminister der Länder der Bundesrepublik Deutschland (1996): Empfehlung „Interkulturelle Bildung und Erziehung in der Schule". Beschluss der Kultusministerkonferenz vom 25.10 1996

Wilpert, G. von (1969): Sachwörterbuch der Literatur. Suttgart (5.Aufl.)

2. Wissen – Kommunikation – Medien
Eine Skizze ausgewählter Wissensformen in der westlichen Medien- und Kommunikationskultur

Theo Hug/Thomas Heinze

Ausgehend von einer skizzenhaften Gegenwartsdiagnose und einigen wissenstheoretischen Differenzierungen befasst sich der Beitrag von Theo Hug (Abschnitte 2.1-2.2, 2.4-2.6) zunächst mit einer Auswahl von Wissensformen, die in den Mediengesellschaften zunehmend bedeutsam geworden sind. Im Zentrum der Ausführungen stehen Formen des Instantwissens, die als 'Wissen auf den ersten Blick' leicht und schnell verständlich und in aller Regel unterhaltsam sind. Ergänzend werden einige Überlegungen zu Formen des Gebrauchswissens 'mittlerer Reichweite' (Bricolage) und des impliziten Erfahrungswissens (Tacit Knowledge) zur Diskussion gestellt.[2] Der Beitrag von Thomas Heinze (Abschnitt 3) befasst sich aus wissenssoziologischer und systemtheoretischer Perspektive mit dem Phänomen Wissen. Dabei soll deutlich werden, wie Wissen „entsteht", welche Formen von Wissen konstitutiv für unseren Alltag sind und weshalb die Beschäftigung mit diesem Phänomen – insbesondere in einer vorurteilsgeprägten Welt – dringend geboten ist.

2.1 Ausgangspunkte

Hand in Hand mit der Vielfalt von Beschreibungen gesellschaftlicher und soziokultureller Veränderungsprozesse hat sich das Spektrum der Bindestrich–Gesellschaften erheblich erweitert. Seit einigen Jahren finden dabei immer öfter die Stichworte „Informationsgesellschaft", „Kommunikationsgesellschaft", „Wissensgesellschaft" oder „Mediengesellschaft" Verwendung. Sie tauchen einerseits in verschiedenen Wissenschaftszweigen, andererseits aber auch in Zeitungen, Rundfunk und Fernsehen auf, und sie werden im Alltagsleben mitunter so selbstverständlich gebraucht wie Telefon, Fax oder neuerdings E–Mail. Unter diesen Stichworten sind also differenzierte Beschreibungen sowie alltagspraktische Vereinfachungen anzutreffen, kurzum: sie figurieren in verschiedenen Diskurszusammenhängen und sie nehmen in der einen oder anderen Weise Bezug auf die neueren computertechnologischen Entwicklungen.

---

[2] Die folgenden Überlegungen basieren auf dem Fernstudienkurs Hug/Perger (2000).

Bei näherer Betrachtung solcher Beschreibungen zeigt sich, dass dabei jeweils spezifische Charakteristika in den Vordergrund gerückt und Reflexionshorizonte erzeugt werden. Für die vorliegenden Überlegungen fungieren insbesondere die folgenden Gegenwartsdiagnosen als Ausgangspunkte:

Nach dem Abebben der Postmoderne–Debatten sind einige Ausdrücke vielerorts Allgemeingut geworden. Eines dieser geflügelten Worte ist die Rede vom 'Ende der großen Erzählungen', in der Jean-François Lyotard (1986) seine Analyse des Wissens in den höchstentwickelten Gesellschaften gleichsam verdichtet. Mit dem Ausdruck 'große Erzählungen' bezeichnet Lyotard allgemeine Leitideen, die für viele Menschen über einen großen Zeitraum Gültigkeit haben. Die Moderne – gemeint ist hier die neuzeitliche Moderne seit Descartes und nicht die künstlerische Moderne des 20. Jahrhunderts – habe drei davon hervorgebracht: die Idee der Emanzipation der Menschheit von Kirche, Aberglauben und allem unselbständigen Denken und Handeln, die Teleologie im Sinne der Zielgerichtetheit des idealistischen Denkens und die Idee der Sinnhaftigkeit allen Geschehens im Historismus.[3] Diese Rahmenerzählungen können allerdings niemals jene Letztbegründungen erhalten, die ihre zwingende Gültigkeit rechtfertigen könnten – eine Einsicht, die im 20. Jahrhundert weithin Zustimmung gefunden hat. Hand in Hand damit haben die besagten Leitvorstellungen an Verbindlichkeit und Legitimationskraft verloren, was je nach Position als Verlust bzw. Kränkung oder positiv als Befreiung von hegemonialen Zwängen aufgefasst wird.

Eine weitere Gegenwartsdiagnose besteht in der These der zunehmend betriebswirtschaftlichen Kalkulation der Wissensproduktion. Dieser These zufolge wird heute mehr denn je in erster Linie profitables und digitalisierbares Wissen vermehrt. Abgesehen von einigen immer kleiner werdenden Nischen in Wissenschaft und Kunst, die von der öffentlichen Hand finanziert werden, folgt nicht nur der Handel mit Information, sondern auch die Wissensproduktion vermehrt betriebswirtschaftlichen Prinzipien:

„Recherchen von Journalisten unterliegen heute schon einem strengen Kalkül, ergründet wird nur noch, was verkäuflich ist. Elektronisch werden nur solche Wissenssektoren aufbereitet und angeboten, die ebenfalls profitabel sind, für alle anderen lohnt sich nicht der Programmieraufwand. Deutlich überwiegen daher Datenbanken

---

[3] Darüber hinaus hielten auch spätere Entwicklungen wie der Marxismus-Leninismus, der logische Empirismus, der Kritische Rationalismus oder die Systemtheorie an solchen Idealen oder universalen Leitvorstellungen fest. Dies betrifft insbesondere die Forderung nach Einheit für das wissenschaftliche Wissen und nach einer einheitlichen methodischen Basis, auf deren Grundlage sich das wissenschaftliche als einzig verlässliches Wissen weiterentwickeln kann.

für naturwissenschaftliche, technische, wirtschaftliche und juristische Felder, nur dafür existieren sogenannte Volltext- und Faktendatenbanken und nicht nur bibliographische; eine Datenbank für Philosophie und Theologie wird wohl niemals Standard und Aktualität jener erringen" (Kübler 1997: 3).

Entsprechend verschmelzen wissenschaftliche und kommerzielle Informationsmärkte mehr und mehr miteinander, sodass sich die Frage nach der Relation dieser Märkte und den diesbezüglichen Gestaltungsoptionen stellt (vgl. z. B. Kuhlen 1995; Kübler 1997).

Ausgehend von Alltagsbeobachtungen beschreibt der amerikanische Sozialwissenschaftler George Ritzer (1995) eine breite Palette gesellschaftlicher Phänomenbereiche unter dem Stichwort 'McDonaldisierung'. Im Anschluss an Max Webers Auffassungen über Rationalisierungsprozesse entwickelt er die These, dass die Produktions- und Wirtschaftsformen der gleichnamigen Fast-food-Kette als Ausdruck einer verbreiteten Lebenshaltung beschrieben werden können. Als wichtige Vorläuferentwicklungen sieht er u. a. die wissenschaftliche Betriebsführung, die Frederick W. Taylor um die Wende zum 20. Jahrhundert erfand, Henry Fords Fließband und die ersten massenproduzierten Vorstadthäuser von Levitown (vgl. Ritzer 1995: 41). Den Erfolg der 'McDonaldisierung' führt er zurück auf die vier grundlegende Elemente Effizienz, Quantifizierbarkeit und Berechenbarkeit, Vorhersagbarkeit sowie Kontrolle (ebd.: 27 ff.). Unter Abwägung der Vor- und Nachteile der Rationalisierungsprozesse kommt er zum Schluss, dass die beschriebenen Trends kaum aufzuhalten, sondern allenfalls durch Gegenstrategien zu mildern sind.

Diese Diagnosen haben freilich exemplarischen Charakter. Sie ließen sich zwanglos durch weitere, nicht weniger relevante Thesen zur Globalisierung (vgl. z. B. Beck 1997), zur Verwissenschaftlichung der Politik, der Wirtschaft und der Medien (vgl. z. B. Weingart 2001) oder zur Geschwindigkeit und allgemeiner Telepräsenz (vgl. z. B. Virilio 1989, 1996) ergänzen.

2.2   Wissenstheoretische Überlegungen
2.2.1   Was ist Wissen?

Der Ausdruck „Wissen" hat gegenwärtig Hochkonjunktur, wenngleich die Frage nach dem Wissen uralt und in allen Lebensbereichen bedeutsam ist. Neu ist allerdings seine zeitdiagnostische Funktion im Zusammenhang der Rede von der „Wissensgesellschaft", wobei diese einmal als aufkommende Tendenz (vgl. Stehr 1994: 24) und ein andermal – zumindest mit Blick auf Deutschland – als längst erreichte Wirklichkeit anzutreffen ist (vgl. Böhme 1997: 465 ff.).

Insgesamt wird damit meist die ältere Diagnose der zunehmenden Relevanz wissenschaftlicher und technologischer Entwicklungen für alle Lebensbereiche bekräftigt, wobei Gesichtspunkte wie die im Vergleich zu früheren Jahrzehnten heute längeren (Aus-)Bildungszeiten, die Perspektiven von Wissen als Produktivkraft oder die Problematik gesellschaftlicher Entwicklungsdynamiken angesichts schiefer Wissens-Verteilungen hervorgehoben werden. In diesen Debatten wird Wissen häufig summarisch aufgefasst im Sinne von Wissen aller Art und Qualität. Doch wovon sprechen wir, wenn wir von Wissen sprechen?

Wer mit einer gewissen Offenheit nach Antworten Ausschau hält, wird auf eine Reihe von Definitionen, Umschreibungen und Problematisierungsweisen stoßen. Solche begrifflichen Bestimmungen von „Wissen" können beispielsweise sein:

- wahre Meinung oder geprüfte Kenntnis
- begründeter Glaube (im nichtreligiösen Sinne)
- sozial situierte Konstruktion
- symbolische Repräsentation gesellschaftlicher Praxis
- Insgesamt allgemein verfügbaren Orientierungen im Kontext alltäglicher Handlungszusammenhänge
- Anhäufung idealer Modelle
- gebündelte oder geordnete Information
- Quelle der Erlösung

Diese Auflistung macht bereits deutlich, dass Wissen auch in wissenschaftlichen oder philosophischen Zusammenhängen höchst Unterschiedliches meinen kann. So werden mit Blick auf die antiken Philosophie des Abendlands die Bereiche doxa, episteme, gnosis und sophia unterschieden. Ernst von Glasersfeld (1997) umschreibt sie folgendermaßen:

Doxa	Meinung oder Erfahrungswissen
Episteme	rationales Verstehen
Gnosis	Wahres Wissen, wie es von Metaphysikern beansprucht wird
Sophia	Weisheit

Tabellarische Übersicht aus: Glasersfeld (1997: 198)

Er verweist dabei auf Probleme, die entstehen, wenn die Bedeutung dieser Ausdrücke vermengt wird, wie es etwa beim Gebrauch des englischen Ausdrucks ‚knowledge' der Fall ist:[4]

„Im Englischen sprechen wir nämlich von der ‚theory of knowledge' und denken dabei an so unterschiedliche kognitive Bereiche wie technisches Fachwissen und Metaphysik. Im Deutschen bedeutet das Wort ‚Erkenntnistheorie' die Beschäftigung mit allen Arten des Wissens und Erkennens. Die gängige Sprachverwendung ist also in diesem Fall derart konfus, dass scharfe begriffliche Unterscheidungen und entsprechendes Verstehen unmöglich gemacht werden" (Glasersfeld 1997: 199).

Probleme ergeben sich aber nicht nur aufgrund begrifflicher Unschärfen. Sie ergeben sich angesichts der Bemühungen der Transformation verschiedener Wissensformen. Glasersfeld schreibt dazu weiter:

„Über 2000 Jahre hat sich die westliche Philosophie abgemüht, einen Weg zu finden, um die Behauptung zu begründen, dass Erfahrungswissen (doxa) in wahres Wissen von der Welt (gnosis) umgewandelt werden könnte. Fast alle großen Philosophen haben sich auf diese Suche begeben, und dies trotz der Tatsache, dass es bereits unter den Vorsokratikern Denker gab, die unwiderlegbar zeigten, dass menschliches Wissen nie von den menschlichen Arten und Weisen des Wahrnehmens und begrifflichen Denkens getrennt werden kann" (Glasersfeld 1997: 199).

Diese Problematik spielt nicht nur unter philosophischen Auspizien, sondern auch unter wissenssoziologischen und medientheoretischen Gesichtspunkten eine Rolle. Die Dynamik der Wissensentwicklung und der Unterscheidung von Wissensarten ist unauflöslich verstrickt mit den Formen der Medialisierung und der Dynamik der Institutionalisierung von speziellen Bereichen des Wissens.

Wer nicht von vorneherein auf einen bestimmten Wissensbegriff fixiert ist und diesen für den einzig relevanten hält, muss mit einem mehr oder weniger breiten Spektrum von Wissensbegriffen operieren. Je umsichtiger die Auseinandersetzung mit diesen Begriffen gestaltet wird, umso deutlicher wird, dass Wissen in unterschiedlichen sozialen, kulturellen, diskursiven oder wissenschaftlichen Zusammenhängen sehr verschieden konzeptualisiert wird. Entsprechend

---

[4] Die Schwierigkeit der Übersetzung verweist auf die Problematik unterschiedlicher Kommunikationskulturen, die auch im Zusammenhang von Wissensfragen eine gewichtige Rolle spielt. Oft gibt es keine direkten Übersetzungen, und manchmal kann ein einzelnes Wort bereits allerhand Verwirrung stiften. Man denke nur an die Untersuchungen von Carl Auer, jenem großen Geist, der sich „speziell mit den Wechselbeziehungen von Geist (englisch: mind) und Geist (englisch: spirit) und Geist (englisch: ghost)" beschäftigte (vgl. Weber/Simon 1990: 13). Dass sein Geist (englisch: genius) und Geist (englisch: wit) manchen als Geist (englisch: phantom) erschien und anderen eher auf den Geist (Nerv) ging, hatte jedenfalls nichts mit dem Geist (Wesentlichen) seiner Philosophie oder seiner Vorliebe für den Geist (des Weines) zu tun.

sind die Unterscheidungen von Wissensarten und deren Verhältnis zu anderen Phänomenbereichen wie z. B. Denken, Handeln, Wahrnehmen, Erinnern, Empfinden, Lernen, usw. höchst kontrovers. Was in der einen Perspektive als Schlüsselproblem erscheint, taucht in der anderen nur am Rande, als kritikwürdiger Irrweg oder überhaupt nicht auf.

2.2.2 Ausgewählte Unterscheidungen

„Wissen" stellt einen Sammelbegriff für verschiedene Auffassungen und Bestimmungen von Wissen dar, die sich auf unterschiedliche Bereiche, Kontexte und Qualitäten beziehen können. Es steht also nicht nur wissenschaftliches Sonderwissen zur Debatte (vgl. Hug 2001), sondern auch jenes Wissen, das wir bei alltäglichen Anlässen produzieren und verwenden, das in beruflichen oder schulischen Zusammenhängen bedeutsam ist, und das dann zur Geltung kommt, wenn wir Meinungen austauschen, Medienangebote konsumieren, Gespräche führen oder Kenntnisse und Fertigkeiten aneignen.

Die These, dass Wissen in sehr unterschiedlicher Weise modelliert werden kann, bringt das Erfordernis der Unterscheidung von Wissensarten mit sich. Wenn wir von Wissen zunächst als einem Sammelbegriff gesprochen haben, so hilft uns das, voreilige Beschränkungen und Blickverkürzungen zu vermeiden. Ein Wissensbegriff, der alles umfasst und damit am Ende nichts mehr meint, ist aber für eine differenzierte Auseinandersetzung mit der Wirklichkeit des Wissens nicht geeignet. Wir benötigen explizite Umschreibungen, um die Reichweite und Brauchbarkeit der einzelnen Wissensbegriffe abschätzen zu können. Dazu greifen wir zunächst auf einige philosophische und kulturwissenschaftliche Bestimmungen von Wissen zurück, die wir glossarartig beschreiben wollen.

Unter terminologischem Wissen wird gemeinhin jenes Wissen verstanden, das sich auf sprachliche Regelungen sowie die Bedeutung und den Gebrauch von Begriffen bezieht. So sind beispielsweise mit „Rigg" oder „Takelage" all jene Einrichtungen an Bord eines Segelschiffes gemeint, die die Segel tragen und deren Handhabung ermöglichen. Dazu zählen u.a. der Mast und dessen Abstützungen (Wanten, Stage), der Großbaum und die Salings sowie das sogenannte „laufende Gut" (Fasertauwerk, Stahldraht). Mancherorts werden auch die Segel selbst zum Rigg gerechnet. Damit ist für viele praktische Erfordernisse im Segelsport die Verwendung des Ausdrucks „Rigg" ausreichend genau geregelt. Generell gilt, dass terminologisches Wissen in Form von mehr oder weniger geordneten Konzepten oder begrifflichen Logiken dargestellt wird, je nachdem, ob es sich um alltagsbegriffliche Wissensbestände oder um konzeptuelles oder semantisches Wissen der Wissenschaft handelt.

Im Gegensatz dazu steht das assertorische Wissen, das die Behauptung von Sachverhalten meint. Dieses „Aussagewissen" weist tendenziell episodische Züge auf. Wenn es also heisst: „In der Bucht von Medulin herrscht Windstärke 7!", dann haben wir es mit einer Aussage über die momentanen Windverhältnisse in dieser Gegend zu tun. Ergänzend mag es heißen: „Die See ist bewegt", womit eine weitere Behauptung eines Sachverhalts getätigt ist. Sowohl beim terminologischen als auch beim assertorischen Wissen geht es wesentlich um den propositionalen Gehalt, d. h. um den sachlichen Gehalt, der mit einer Aussage oder Behauptung gemacht wird. Diese „beurteilbaren Inhalte" (vgl. Schneider 1992: 370) sind in gewisser Weise die „Wissenskörper", die den inhaltlichen Kern von behaupteten Fakten sowie von allgemeinen und speziellen Begrifflichkeiten ausmachen. Terminologisches und assertorisches Wissen haben somit etwas gemeinsam, das sie zu Varianten des propositionalen Wissens macht.

Das propositionale Wissen steht wiederum im Gegensatz zu analogischen Wissensarten. Letztere zeichnen sich durch bildhafte Vorstellungen aus, die auf Ähnlichkeitsbeziehungen unterschiedlicher Phänomenbereiche beruhen. Wenn Sie etwa versuchen, „stechende" oder „ziehende Schmerzen" zu beschreiben, dann tun Sie das unter Verwendung bildhafter Vorstellungen. Ein anderes Beispiel stellt der Ausdruck „bug" dar, der in EDV–Kontexten Verbreitung gefunden hat. Wörtlich übersetzt bedeutet das englische Wort „bug" Wanze oder – mit Bezug auf den amerikanischen Sprachraum – Insekt. Auch in der Computerwelt stellt der „bug" im übertragenen Sinne so etwas wie einen „lästigen Bazillus" dar, den es zu finden und unschädlich zu machen gilt.[5] Alle bis hierher genannten Wissensarten werden gewöhnlich in expliziter Weise artikuliert, d.h. es wird ausdrücklich gesagt, worum es geht. Das Gemeinte wird deklariert, erörtert oder in geeigneten sprachlichen Formen dargestellt. Dieses explizite oder auch deklarative Wissen lässt sich grammatikalisch und semantisch in korrekten

---

[5] Etwas anders verhält es sich hingegen etwa mit dem Zeichen @. Wenn Sie dieses Zeichen sehen, dann wissen Sie, dass Sie es mit einem direkten oder indirekten Bezug zum Internet im allgemeinen oder einer E-Mail-Adresse im besonderen zu tun haben. Allerdings enthält das Zeichen @ selbst kein Bild. Es ist vielmehr eine Art Hinweisschild auf Internet-Zusammenhänge und steht damit in größerer Nähe zum terminologischen Wissen als zum analogen. Eine analogische Verwendung wäre dann gegeben, wenn der angedeutete Kreis als Symbol für Globalität o. ä. verstanden werden würde. Dann würde es sich um eine Übertragung vom Bild des Globus auf die weltweite Vernetzung von Computern handeln.

Sätzen, allenfalls auch in mathematischen Formeln oder technischen Datensätzen ausdrücken. Davon unterscheiden wir das implizite Wissen, das zwar bis zu einem gewissen Grad reflexiv eingeholt und ebenfalls ausdrücklich beschrieben werden kann, das aber im allgemeinen in unseren Äußerungen und Handlungen gleichsam „inbegriffen" ist.[6] „Wir wissen mehr, als wir zu sagen wissen [kursiv im Org.]", sagt Michael Polanyi (1985: 14), und er bezieht sich dabei sowohl auf theoretische als auch auf praktische Wissensformen. Wir lernen, wie wir einen Nagel einschlagen, ein Musikstück spielen oder ein Auto fahren, und wir können unter Hunderten von Stimmen eine vertraute Stimme heraushören, ohne die Komponenten und Prozesse, die dabei eine Rolle spielen, jemals in allen Details beschreiben zu können. Wir können dieses implizite Wissen niemals vollständig explizieren, und das ist kein Mangel, sondern umgekehrt geradezu ein notwendiges Erfordernis, wenn wir das Alltagsleben zufrieden stellend bewältigen wollen. Ein gewichtiger Teil dieses „stillschweigenden Wissens" (tacit knowledge) kann als prozedurales Wissen charakterisiert werden. Während sich die theoretischen Formen des impliziten Wissens auf den Gebrauch von Sprache im allgemeinen oder auf Faktoren wie Überzeugungen, Leitbilder und Wertsysteme beziehen, geht es hier um ein Handlungswissen, das durch Erfahrung angeeignet wird. Dieses kommt beispielsweise zum Tragen, wenn es gilt auf See einen Kurs beizubehalten oder eine Seminareinheit zu gestalten.

Eine weitere Unterscheidung, die in diesem Zusammenhang von Bedeutung ist, geht auf Gilbert Ryle zurück (Ryle 1946: 4 ff.). Er differenziert zwischen Wissen-wie und Wissen-dass. Diese Unterscheidung gründet in der Verwandtschaft von Wissen und Können und unterstreicht den dispositionalen Charakter des Wissens. Das bedeutet, Wissen wird als eine Bereitschaft verstanden, als etwas zur Verfügung-Stehendes, dass das Fällen von Urteilen ermöglicht und nicht das jeweilige Urteil selbst meint. Ryle sieht im Wissen-wie oder Können

---

[6] Bei Michel Foucault nimmt das implizite Wissen eine Art Mittelstellung zwischen der Reflexion über die Ordnung einer Kultur und den latenten, determinierenden Codes derselben ein. Hier setzt die Aufgabe einer „Archäologie des Wissens" an (Foucault 1988). An anderer Stelle heißt es dazu:
„Die Kenntnisse, die philosophischen Ideen, die alltäglichen Meinungen, aber auch die Institutionen, die Praktiken des Handelns und der Polizei sowie die Sitten einer Gesellschaft – das alles verweist auf ein implizites Wissen, das dieser Gesellschaft eigentümlich ist. Dieses Wissen ist grundlegend verschieden von den Kenntnissen, die man in den wissenschaftlichen Büchern, den philosophischen Theorien, den religiösen Rechtfertigungen finden kann, aber gerade es macht in einem gegebenen Augenblick das Auftreten einer Theorie, einer Meinung, einer Praxis möglich" (Foucault 1966, zit. nach Marti 1988: 38).

(knowing how to do things) gegenüber dem Wissen-dass (knowing that something is the case) den logisch früheren Begriff, wobei das letzte das erste voraussetze (vgl. Brüggen 1974: 1735). Die Praxis folgt demnach nicht der Theorie, sondern Theoretisieren stellt eine Praxis unter anderen dar. Kommen wir noch einmal auf das oben genannte Beispiel zurück: Wenn ich also weiß, dass das Ankern in der Medulin-Bucht bei Windstärke 7 gefährlich ist, dann resultiert dieses Wissen aus dem Wissen-wie-schwierig ein solches Unterfangen unter diesen Bedingungen zu bewerkstelligen ist. Kurzum: Der Erwerb des Wissens-wie ist an die Fähigkeit des Wissens-dass (etwas so und so zustande gebracht werden kann) gebunden.

Last but not least sei hier auf eine gängige Unterscheidung zwischen Wissen und Information verwiesen. Wissen entsteht durch Vernetzung unterschiedlicher Informationen, die ihrerseits als bedeutungshaltige Datenkomplexe auf der Basis verschiedener Zeichen aufgefasst werden können. Je nach Perspektive steht dabei der Modellcharakter, das zweckbezogene Moment, der Verwendungszusammenhang oder der Mitteilungscharakter des Wissens im Vordergrund stehen (vgl. Krcmar 2000: 12 f.). Umgekehrt lässt sich Information nur vom Wissenskontext her als solche begreifen. Rainer Kuhlen (1995) hat dies anschaulich beschrieben. Information ist nicht einfach eine Stufe auf einem Wissenskontinuum. Sie hat insofern einen anderen epistemologischen Status, als sie jeweils aus Wissensbeständen gewissermaßen herauspräpariert werden muss, von sich aus nichts über den Wahrheitswert aussagt und „somit orthogonal zu den verschiedenen Ausprägungen von Wissen" steht (vgl. Kuhlen 1995: 40).

2.3   Struktur und Erwerb des Wissens[7]
2.3.1   Vertrautheit des Wissens

Betrachten wir einige Dinge des täglichen Lebens, die uns nicht weiter interessieren, weil wir mit ihrem Ablauf vertraut sind. Wir drücken auf Knöpfe und Schalter und wissen, was die Folgen sein werden. Wir geben ein Paket auf und wissen, dass es in einigen Tagen den Empfänger erreicht. Wir wissen z.b. sicher, dass die Bäume grün werden, aber nur mit größter Wahrscheinlichkeit, dass das Paket den Empfänger erreicht, ohne die näheren Zusammenhänge zu wissen. Obwohl wir das wissen, sind wir jedoch nicht daran interessiert, uns weiteres Wissen darüber anzueignen. Wir sind damit für unseren eigenen Bedarf genügend vertraut. Wir wären vielleicht im Prinzip daran interessiert, auch über diese Dinge mehr zu wissen, aber unter dem Prinzip „first things first" haben wir dazu keine Zeit. Allgemein gilt, dass wir nicht gleichermaßen an allen Bereichen der Lebenswelt und an den darin vorkommenden Gegenständen und Vorgängen interessiert sind. Wir machen uns mit den relevanten Elementen und Aspekten der Welt nur so weit vertraut, als es zur Bewältigung der Situationen nötig ist. In den Vertrautheitsstufen können wir aus der aktuellen Erfahrung heraus allgemeine Unterschiede feststellen: Man erkennt Gegenstände und Vorgänge, denen man in früheren Erfahrungen begegnet ist; man erfasst Gegenstände und Vorgänge als früher erfahrene in wesentlichen Zügen ähnlich; vorerfahrene Gegenstände und Vorgänge können als nur in einigen Zügen ähnlich, in anderen jedoch als unähnlich aufgefasst werden: Es gibt Gegenstände und Vorgänge, die in allen Aspekten unbekannt erscheinen.

2.3.2   Vertrautheit und Typik

Wie kommt es dazu, dass aktuelle Erfahrungen mehr oder minder vertraut sind? Man kann mit einem Gegenstand und mit Personen auf die Weise vertraut sein, dass man ihre „Identität" kennt. Der Gegenstand oder die Person wird wieder erkannt. Dieses Wiedererkennen ist nicht notwendig an hohe Klarheits- bzw. Bestimmtheitsstufen der vorangegangenen Erfahrung gebunden. Wir können eine Wegstrecke, die wir vor Jahren einmal gegangen sind, wieder erkennen, sowie den Weg, den wir täglich gehen. Die Klarheits- und Bestimmtheitsstufen des Erfahrungsobjekts sind hierbei natürlich verschieden. Vertrautheit ist da-

---

[7]   Die folgenden Ausführungen (2.3.1–2.3.8) basieren auf dem Fernstudienkurs „Wissen und Vorurteil" von B. und Th. Luckmann. Hagen (1979)

durch gekennzeichnet, dass neue Erfahrungen mit Hilfe eines in Vorerfahrungen konstituierten Typs bestimmt werden können. Das Erfahrungsobjekt erweist sich ohne Auslegungsvorgang als typisch, typischen Aspekten der Vorerfahrung gleich oder ähnlich. Wenn die aktuelle Erfahrung zur Bestimmung und Bewältigung der Situation nicht genügend typisch erscheint, werden Vorgänge ausgelöst, in denen neue Typisierungen auf anderen Bestimmtheitsstufen in neue Vertrautheit überführt werden.

2.3.3 Verträglichkeit zwischen Wissenselementen

Wissenselemente sedimentieren sich (lagern sich ab) in verschiedenen Situationen und sind auf die Bewältigung verschiedenartiger Situationen bezogen. Auch wenn Wissenselemente „theoretisch" miteinander in Widerspruch stehen, brauchen sie in der natürlichen Einstellung (in der Praxis) nicht zu kollidieren. Nach Abwägung der relativen Glaubwürdigkeiten und eventuell nach weiterer Auslegung und Bestimmung der in der Situation involvierten Erfahrungsobjekte und Relationen wird eine Entscheidung getroffen, die die Glaubwürdigkeit des einen Elements bestätigt, die des anderen aufhebt oder ein neues Wissenselement ausbildet. Auf diese Weise wird der in der Situation zutage getretene Widerspruch zwischen Wissenselementen in Widerspruchslosigkeit überführt. Der Ursprung des „theoretischen" Widerspruchs ist auf die Verschiedenartigkeit der Situation des Wissenserwerbs zurückzuführen. Alles Wissen ist zwar subjektiv erworben; Wissenserwerb erfolgt nicht notwendig in subjektiven Auslegungsvorgängen. Wissen ist zum empirisch gewichtigsten Teil nicht nur sozial vermittelt, sondern auch schon in der relativ natürlichen Weltanschauung und vor allem in der Typik der Sprache vorausgelegt. Werden die Wissenselemente und deren wechselseitige Beziehung problematisch, so entsteht ein Anlass zur Fortführung des Wissenserwerbs, zur weiteren Auslegung und Veränderung oder Aufhebung der bis hin als fraglos angenommenen Wissenselemente.

2.3.4 Glaubwürdigkeit der Wissenselemente

Manche Elemente des Wissensvorrats sedimentieren sich fraglos aus mehr oder minder unausgelegten Erfahrungen. Ihre Glaubwürdigkeit beruht auf der schlichten Gegebenheit dieser Erfahrungen und dem Umstand, dass sie im weiteren Erfahrungsablauf unwidersprochen geblieben sind. Wird die ursprüngliche

Sedimentierung des Wissenselements von weiteren gleichartigen Erfahrungen in Frage gestellt, kommt es zu Auslegungsprozessen. Die Auslegung kann bis zu einem Punkt gehen, wo sich Alternativen bilden. Wird nach Abwägung der Alternativen eine Entscheidung getroffen, dann geht eine Alternative als ein höchst glaubwürdiges Element in den Wissensvorrat ein. Nachdem die Entscheidung nach „bestem Wissen und Gewissen" getroffen wurde, wird die Glaubwürdigkeit dieser Alternative aufgewertet.

2.3.5   Die Struktur des Nichtwissens

Obwohl weite Bereiche des Wissensvorrats routinisiert sind, wodurch große Gebiete der Lebenswelt vertraut und selbstverständlich werden, ist der Wissenserwerb grundsätzlich nicht abgeschlossen. Der lebensweltliche Wissensvorrat kann nie vollständig werden, obwohl er zur Bewältigung vieler, voraussehbarer Situationen ausreichen mag. Auch ohne theoretische Reflexion weiß man, dass man nicht alles weiß. Dies geschieht in Form von Vergleichen. Manche Wissensbereiche vergleicht man miteinander, andere nicht. Immerhin entsteht so auch in der natürlichen Einstellung eine Art Wissen über die Struktur des Wissensvorrats. Solche Vergleiche kommen in den verschiedensten sozialen Situationen zustande und sind oft aus den Erfordernissen gemeinsamen Handelns oder durch Konflikte motiviert. Auf Grund solcher Vergleiche geraten immer neue spezifische Lücken im eigenen Wissensvorrat ins Bewusstsein.

Nicht-Wissen kann grundsätzlich als potenzielles Wissen aufgefasst werden. Das potenzielle Wissen besteht aus wieder herstellbarem Wissen und aus erlangbarem Wissen. Wieder herstellbares Wissen ist früheres Wissen, das entweder verloren gegangen ist oder von anderem Wissen verdeckt wurde. Nichtwissen als erlangbares Wissen ist dagegen nie im Wissensvorrat vorhanden gewesen. Auf Grund der im Wissensvorrat angelegten Typik erscheint jedoch dieses Nichtwissen als in Wissen überführbar. Man weiß, dass Wissen über dies und jenes zwar erlangbar ist, dass es aber auf Grund typischer Vorerfahrungen für den einen schwieriger zu erwerben ist als für den anderen. Je nach „Veranlagung", „Vorbildung" etc. ist das Wissen individuell mehr oder minder „leicht" erlangbar.

2.3.6 Situationsbezogenheit, Genese und Struktur des Wissensvorrats

In jedem Augenblick unseres Lebens befinden wir uns in einer Situation. Ihrem konkreten Inhalt nach ist diese Situation zwar unendlich variabel: Einerseits, weil sie, sozusagen als Produkt aller vorangegangenen Situationen, biographisch artikuliert ist, andererseits, weil sie relativ offen ist. Das heißt, sie kann auf Grund eines jeweiligen Wissensvorrats verschiedentlich definiert und bewältigt werden. Eingegrenzt ist die Situation unabänderlich durch sozialstrukturelle Gegebenheiten (gesellschaftliche Bedingungen), durch zeitliche Faktoren sowie infolge der Eingefügtheit des Körpers in eine dem erlebenden Subjekt auferlegte Struktur der Lebenswelt.

Fertigkeiten, Gebrauchswissen und Rezeptwissen gehören zu den elementaren Bestandteilen des Wissensvorrats. Wir können die auf die Grundelemente des gewohnheitsmäßigen Funktionierens des Körpers aufbauende Körperbewegung im weitesten Sinne Fertigkeit nennen. Auf Fertigkeiten beruht ein Teil des Gewohnheitswissen, das Gebrauchswissen. Es ist uns völlig selbstverständlich, dass wir dies oder jenes können. Wir brauchen die Tätigkeiten, die das Gebrauchswissen bilden, nicht mehr zu beachten. Wir tun es automatisch, die Tätigkeit ist standardisiert. Beispiele für das Gebrauchswissen, das den Fertigkeiten nah verwandt ist, sind: Rauchen, Rasieren, Schreiben... Klavierspielen, Reiten, Addieren, Sprechen (bei einer Fremdsprache können wir die Prozesse der Routinierung mehr oder minder bewusst beobachten). Wir können schließlich eine Form von Gewohnheitswissen unterscheiden, die zwar viele Überschneidungen mit dem Gebrauchswissen aufweist, mit diesem aber nicht identisch ist, das Rezeptwissen, das ebenfalls stark automatisiert und standardisiert ist: Spuren lesen für einen Jäger, sich auf Wetterveränderungen einstellen für einen Seemann oder Bergsteiger, automatisierte Übersetzungsphrasen für einen Dolmetscher. Festzuhalten ist, dass in allen Situationen Fertigkeiten, Gebrauchswissen und Rezeptwissen miteinander kombiniert werden.

Wissensvorrat und Situation haben beide eine Geschichte. Der Wissensvorrat ist das Produkt der in ihm sedimentierten Erfahrungen; die Situation ist das Resultat der vorangegangenen Situationen. Die gegenwärtige Situation ist also biographisch artikuliert. Wir wissen, dass unsere Situation absolut einzigartig ist aufgrund unserer einzigartigen Biographie. Der Wissensvorrat, mit dessen Hilfe wir die gegenwärtige Situation bestimmen, hat seine einzigartige biographische Artikulierung. Dieser Wissensvorrat verweist nicht nur auf den Inhalt, den Sinn aller in ihm sedimentierten Erfahrungen und Situationen, sondern auch auf die Intensität, Dauer und Reihenfolge dieser Erfahrungen.

2.3.7 Bestimmung der Situation

Unser Lebenslauf ist eine Folge von Situationen. Wesensmerkmal der Situation ist das Spannungsverhältnis zwischen dem sich in der Situation befinden und die Situation definieren können, d.h. zwischen Begrenztheit und Offenheit der Situation. Die Begrenzung ist durch die ontologische Struktur der Welt, durch räumliche, zeitliche und soziale Bedingungen bestimmt. Ferner ist jede Situation, wie bereits dargestellt, biographisch geprägt: Sie hat ihre spezifische Vorgeschichte, jedes Individuum kommt in die Situation mit einem spezifischen, biographisch artikulierten Vorrat an Gebrauchs- und Rezeptwissen. Im Hinblick auf die Offenheit von Situationen ist festzuhalten, dass wir zwar nicht auf die Vorgeschichte der Situation, wohl aber innerhalb der gegenwärtigen Situation auf bestimmte Elemente einwirken und diese verändern können. Beeinflusst wird die Notwendigkeit der Situationsbestimmung durch das spezifische Interesse eines Individuums. Das spezifische, zweckrationale Interesse wählt die näher zu bestimmenden „offenen" Elemente der Situation aus vor dem Hintergrund der vorstrukturierten Elemente der Situation. Zugleich begrenzt das spezifische, zielgerichtete Interesse die Auslegungsprozesse, durch die die Situation bestimmt wird, auf das praktisch Notwendige, d.h. das zur Situationsbewältigung Relevante.

Die Bestimmung der „offenen" Elemente der Situation geschieht jedoch auch mit Hilfe des jeweiligen Wissensvorrats, der in die Situation mitgebracht wird, allerdings in anderer Weise, als wir um die Vorbestimmtheit der Situation mit Hilfe der Grundelemente des Wissensvorrats „automatisch" wissen. Wir können verschiedene Typen der Bestimmung unterscheiden: Erstens kann die Situation mit Hilfe des Gewohnheitswissens so bestimmt werden, dass dem plan bestimmten Interesse Genüge getan wird. Alle „offenen" Elemente der Situation können routinemäßig bestimmt werden. Die Situation ist dann auch in ihren nicht schon vorbestimmten Elementen unproblematisch. Wir wollen diese Art von Situation eine Routine-Situation nennen. Zweitens können aber „offene" Elemente der Situation vorhanden sein, die nicht routinemäßig bestimmt werden können. Wenn solche „neuen" Elemente in einer Situation auftreten, müssen wir uns „besinnen", das heißt, wir versuchen, diese Elemente mit unserem Wissensvorrat bewusst zu korrelieren. Nehmen wir zunächst an, dass es sich um völlig neue Elemente handelt. Dann müssten wir dementsprechend völlig neue Deutungsschemata, Typisierungen usw. entwerfen, um mit der Situation fertig zu werden. Dies ist jedoch ein theoretischer Grenzfall. Auch „neue" Elemente werden mit Hilfe schon vorhandener Deutungsschemata und Typisierungen ausgelegt, jedoch nicht in einer für unser plan bestimmtes Interesse ausreichenden Weise. Unser diesbezügliches Wissen ist nicht „klar" genug, „vertraut" genug, ist nicht zur Genüge widerspruchsfrei, um mit der aktuellen Situation fertig zu werden. Wir müssen also die „offenen" Elemente der Situation weiter auslegen, bis sie die vom plan bestimmten Interesse vorgegebene Klarheitsstufe, Vertrautheitsstufe und Widerspruchsfreiheit erreicht haben. Wir wollen solche Situationen problematische Situationen nennen. In problematischen Situationen, im Gegensatz zu Routine-Situationen, müssen wir also neue Wissenselemente erwerben oder alte, aber für die gegenwärtige Situation nicht genügend geklärte Wissenselemente, auf höhere Klarheitsstufen überführen.

2.3.8   Der Wissenserwerb

Der lebensweltliche Wissenserwerb ist das Ergebnis der Sedimentierung von subjektiven Erfahrungen der Lebenswelt. Wenn die Struktur des Wissensvorrats heterogene Elemente enthält, so ist das grundsätzlich auf die Verschiedenartigkeit der Vorgänge zurückzuführen, in denen lebensweltliches Wissen erworben wird. Der Wissensvorrat enthält Wissenselemente, die auf Erfahrungen in verschiedenen Wirklichkeitsbereichen zurückgehen.

Abgesehen von der Gliederung der Lebenswelt in verschiedene Wirklichkeitsbereiche ist der wichtigste Umstand für die Strukturierung des Wissensvorrats der Unterschied zwischen Erfahrungen, die als fertig konstituierte Einheiten der natürlichen Einstellung fraglos in den Wissensvorrat eingehen, und Erfahrungen, die in problematischen Situationen der Auslegung bedürfen, bevor sie als Wissenselemente sedimentiert werden.

Sowohl „fraglose" Erfahrungen als auch Auslegungen finden in Situationen statt. Ob eine Erfahrung fraglos abläuft oder ob eine Auslegung notwendig wird, geht auf die jeweilige situationsbezogene Konkretisierung des pragmatischen Motivs, der biographisch geprägten Interessenhierarchie zurück. Die Situation ist mannigfaltig begrenzt, und das subjektive Wissen um diese Begrenztheit wird zu einem Grundelement des lebensweltlichen Wissensvorrats. Innerhalb dieser Grenzen bilden sich Routine-Situationen heraus: Sie werden routinemäßig bestimmt und routinemäßig bewältigt. Erfahrungen laufen in Routine-Situationen „fraglos" ab, Auslegungen sind „unnötig", und dem Wissensvorrat wachsen keine „neuen" Wissenselemente zu. In Situationen, in denen Gewohnheitswissen unzulänglich erscheint, bzw. in Situationen, deren „Neuartigkeit" von der Welt auferlegt ist, werden jedoch Erfahrungen problematisch. Die dort ansetzenden Auslegungen sind vom pragmatischen Motiv bestimmt und werden fortgeführt, bis den Erfordernissen der Situation Genüge geleistet worden ist oder bis eine Auslegungsunterbrechung „auferlegt" wird.

2.3.9 Wissen und Vorurteil

Wissen und Vorurteil sind zwei Begriffe, die im ersten Moment scheinbar sehr verschieden sind, aber doch sehr viel Gemeinsames haben.

Das Vorurteil war ursprünglich ein Begriff des mittelalterlichen Rechtsbereichs, mit dem Beginn der Neuzeit wurde der Begriff diesem Bereich entzogen. Im Laufe des 18. Jahrhunderts gewann das Wort Vorurteil ganz allgemein den uns heute geläufigen negativen Sinn. Nicht alle Vorurteile sind aber falsch, denn sie können sich auch als wahr herausstellen. Dennoch verstand man unter Vorurteil zunehmend eine irrige Meinung oder Voreingenommenheit gegen etwas. Vorurteil wird auch heute weiterhin als eine vorgefasste Meinung oder Einstellung gegen oder für eine Person oder einen Gegenstand definiert. Es gibt mehrere Arten von Vorurteilen, wie z.B. Vorurteile gegen Andersartiges, Vorurteile gegen altes und neues Wissen, Vorurteile gegen Tradition und Fortschritt.

Dies legt im Allgemeinen zugrunde, dass Vorurteile eigentlich auf unzulängliches oder irriges Wissen zurückzuführen sind. Was ist aber falsches Wissen, was ist wahres Wissen? Es gibt Wissen über Selbstverständlichkeiten, z.B. dass wir geboren sind, dass wir in einer Stadt oder einem Dorf wohnen und Wissen, das zur Alltagswelt gehört. Der Mensch erklärt diese Welt mit Hilfe des Wissensvorrates, der schon bei seiner Geburt vorhanden war. Darüber hinaus gibt es auch Wissen aus erster und zweiter Hand.

Wissen und damit auch Vorurteile basieren auf einem gesellschaftlichen Wissensvorrat, der unserer Generation bereits durch unsere Vorfahren übermittelt wurde. In diesem finden wir vorgeformte, festgefahrene Problemlösungsstrategien, Erfahrungsdeutungen, Handlungsmuster, Rezepte etc. vor, die wir uns in unserem täglichen Handeln zu eigen machen. Diese Vorgegebenheit und Gesellschaftlichkeit sehen wir als Selbstverständlichkeit an. Trotz allem erleben wir den Ausschnitt der Welt, in der wir uns bewegen, agieren, in persönlichen, subjektiven Erfahrungen. Das eigene Wissen ist meist nur innerhalb bestimmter, für uns relevanter Wissensbereiche detailliert, klar, bestimmt und widerspruchsfrei. Jeder Mensch eignet sich aus dem gesellschaftlichen Wissensvorrat wichtige, für ihn persönlich relevante Teilbereiche an. Von anderen Wissensbereichen, die ihn nicht unmittelbar betreffen, die für ihn und sein Leben nicht von Bedeutung sind, weiß er nichts, Unzulängliches oder Falsches. Trotz dieses beschränkten Blickes haben sich dennoch bestimmte, oft starre, stereotype Vorstellungen vom Fremden, Irrelevanten in seinem Kopf festgesetzt, was mühelos zu Vorurteilen führen kann. Vorurteile – ob sie sich nach deren Überprüfung als wahr oder falsch erweisen – basieren auf unzulänglichem, irrigen Wissen. Als Vorurteile kann man einen mehr oder weniger umfangreichen Wissensbereich bezeichnen, der durch starre stereotype Bewertungen, durch nicht systematische Überprüfung, durch extrem interessengelenkte, subjektive, häufig allgemeine Urteile gekennzeichnet ist. Problematisch ist, dass auf diese Weise vorgefasstes, verfestigtes Wissen über Personen, -gruppen, Sachverhalte etc. nur schwer veränderbar ist.

Übungsaufgabe 2:

Weshalb sollte man sich mit dem Problem Wissen und Vorurteil befassen? Man? Wen betrifft das Problem im Besonderen? Warum?

2.3.10 Die dämonisierte Welt[8]

Wir haben anhand der Begriffe „Situation" und „Wissen" gesehen, dass das Schema vertraut/unvertraut hier eine wesentliche Rolle spielt. Im folgenden Abschnitt soll gezeigt werden, dass auch dieses Schema der Evolution unterliegt, dass Wissen, Wissenserwerb, die vertraute Bewältigung des Lebens durch Rekurs auf typisierte Situationen, durch routinisierte Anwendung von Gewusstem in der Gegenwart seltsam, gar bedrohlich verändert erscheint.

Zunächst ist an die Überlegung zu erinnern, dass der Bereich des Vertrauten in älteren Gesellschaften übereinstimmte mit der Gesellschaft selbst, mit dem Bereich alltäglicher, sich wiederholender Interaktionen. Unvertraut ist, was jenseits der Grenze der Gesellschaft liegt. Es ist unheimlich, fremd; und typisch ist das Problem der Behandlung des Fremden in solchen Gesellschaften immer akut. Selten begegnet man in der Gesellschaft dem Unvertrauten unvermittelt, unabgesichert durch Riten und interaktionelle Routinen.

Das hat sich in der modernen Gesellschaft geändert. Sie „enthält" viele Strukturen, Lebensfelder, Bereiche, Regionen, Wissensdomänen, die keineswegs allen vertraut sind. Überall kann man die Grenze zum Unvertrauten überschreiten. Flughäfen, Behinderteneinrichtungen, Leichenschauhäuser, Landeskliniken, Universitäten, Chefetagen sind Lokalitäten, an denen sich kommunikative Gepflogenheiten entwickeln, die sich an anderen Orten nicht entwickeln. Und das weiß man. Man beginnt, über das Wissen zu verfügen, dass man nicht alles wissen kann, dass das, was einem selbst vertraut ist, anderen nicht vertraut, und das, was einem selbst unvertraut ist, anderen vertraut sein kann. Man kann sagen, dass die Komplexität der modernen Gesellschaft u. a. dadurch gekennzeichnet ist, dass sie das Unvertraute und das Vertraute überall auswirft. Für einen einzelnen Menschen, der an der Gesellschaft partizipiert, bedeutet dies, dass das, was er an vertrautem Leben gewinnen kann, verschwindend gering ist gegenüber dem, was ihm nie vertraut sein wird. Genau darüber wird er durch die massenmediale Kultur tagtäglich belehrt. Da aber alles, was in der Gesellschaft geschieht, kommunikativ geschieht, hat auch das Unvertraute, von dem man liest, den Beigeschmack des Vertrauten. Es ist nicht ganz und gar fremd, es fällt nicht aus der Gesellschaft heraus.

Mit der Steigerung der Komplexität der modernen Gesellschaft kommt es aber zu so etwas wie einer Emanzipation des Nichterwartbaren. Zunahme von Komplexität meint hier: Zunahme der Selektivität der gesellschaftlichen Subsysteme, und das meint: dass diese Systeme sich erhalten und reproduzieren,

---

[8]   Den folgenden Beitrag hat Peter Fuchs verfasst.

ohne dabei all ihre Ursachen unter Kontrolle halten zu können. Sie können nicht mehr alles koordinieren, wovon sie berührt werden und was sie auslösen. Immer mehr muss man damit rechnen, dass sich nicht kontrollierte Ereignisse (unbeabsichtigte Nebenfolgen des Handelns beispielsweise) miteinander auf eine Weise verketten, deren Effekte nicht mehr erwartbar sind. Das gipfelt in dem Umstand, dass die Grundlage der Lebenswelt (die Repetierbarkeit bestimmter Unterscheidungen) ausgehöhlt wird. Man kann nicht einmal wissen, ob das, was fraglos vorhanden ist, was alltäglich vertraut ist, in der nächsten Minute noch ist, was es ist.

Die eigenen Kinder spielen seit Jahren auf lieb gewonnenen Spielplätzen, die sich von einem Tag auf den anderen als gefährliche Dioxinfallen erweisen. Immer hat man gedrängelt: Geht doch spielen, die Luft und die Bewegung tun euch gut, und dann erfährt man, dass die eigenen guten Absichten zu Totengräbern der eigenen Kinder werden können, und wieder ein halbes Jahr später erfährt man: Fehlalarm. Aber in der Zwischenzeit haben die Kinder nicht gespielt. Und niemand weiß, ob der Fehlalarm nicht eine falsche Entwarnung war. Seitdem es Autos gibt, gibt es Bremsen; seitdem man weiß, dass Asbest freigesetzt wird, wenn man bremst, hat man tickende Zeitbomben im eigenen Leib. Ob Fehlerkorrekturflüssigkeiten, Medikamente, Windeln, Körner... Überall tut sich so etwas wie eine dämonische Dimension der Dinge auf. Und wer auf Natur setzt, kann sich furchtbar irren.

Theoretischer formuliert: In der Zeitdimension kommt das Unvertraute (potentiell Gefährliche) erwartbar nichterwartbar aus der Zukunft. Man kann sich nur noch darauf einstellen, dass das, was geschehen wird, nicht unbedingt das ist, was erwartet wird, und wenn doch, dass es Kehrseiten hat, von denen her es gleichsam unterminiert wird. Das Unvertraute kommt nicht mehr so sehr aus dem Jenseits räumlich zu denkender Grenzen, sondern aus der Zukunft, der Spielraum des sicher zu Erwartenden wird kleiner. Damit, versteht sich, wachsen die Ängste.

In der Sachdimension erlebt man, dass das, was man sicher zuhanden, unschädlich, nützlich wähnte, als unsicher, schädlich, gefährlich thematisiert werden kann. Davon lebt ein guter Teil unserer Journaille. Und sie lebt auch davon, dass die Emanzipation des Nichterwartbaren in der Sozialdimension als Attributionsproblem erscheint. Man benötigt Zurechnungspunkte für Verantwortlichkeiten, Personen oder Gruppen, auf die man Schuld zurechnen kann, denen man die eigenen Ängste in der Zeit- und Sachdimension verdankt. Wie viel Leidenschaft, wie viel Moral und Gegenmoral hier investiert wird, ist zur Genüge bekannt.

Unter all diesen Voraussetzungen beginnt die moderne Gesellschaft, sich neu zu beschreiben. Prominentester Titel dieser Selbstbeschreibung ist Risikogesellschaft. Man kommt dem Problem, das durch diesen Begriff unscharf bezeichnet wird, näher, wenn man zunächst einmal zwischen Risiko und Gefahr unterscheidet. Von Gefahr spricht man, wenn jemand (etwas) durch Ereignisse betroffen wird, die er (es) nicht selbst gewählt hat. Risiko dagegen lässt sich beschreiben als Wählen von Ereignissen, bei deren Eintreten Negativfolgen auftreten können, die vorher absehbar waren, aber nicht unbedingt eintreten mussten. Riskant sind mithin Entscheidungen, mit denen man die eigene Struktur optimieren will, aber mit einkalkuliert, dass eben diese Struktur dabei zerstört werden könnte.

Risiken kommen mithin in dem Maße häufiger vor, als Wissen sich vermehrt. Mit dem Wissen explodieren Entscheidungsmöglichkeiten. Wenn es keine Medikamente gäbe, müsste man nicht die Frage entscheiden, ob man sie nehmen will oder nicht. Wenn man nicht die Statistik über Fahrradunfälle mit Kindern kennte, wäre es unnötig, zu entscheiden, ob man Helme kauft oder nicht. Die Risikogesellschaft (diese Form der Selbstbeschreibung der Gesellschaft) entsteht deshalb vornehmlich an der technotron-ökonomischen Front. Hier werden Entscheidungsmöglichkeiten durch Innovationen ausgeweitet und durch das daran geknüpfte Wissen über Ereignisalternativen. Die Massenmedien spielen dabei eine nicht unerhebliche Rolle. Sie können ihren Bedarf an „Neuigkeiten" stillen, indem sie Kommunikation über Risiken betreiben. Ganz entscheidend dabei ist, dass nicht nur Nachrichten über Risiken die Öffentlichkeit „alarmieren", sondern dass jede Nachricht (von wem immer aufgebracht) von anderen Publikationsorganen her als eine über ein mögliches Risiko behandelt werden kann. Daraus resultieren jene Orientierungsschwierigkeiten, die – auf psychischer Ebene – mittlerweile hinreichend dokumentiert sind. Jede Entscheidung, die von jemandem getroffen wird, kann als riskant dargestellt und erlebt werden, und es gibt keine gesellschaftlich legitimierte Instanz mehr, die sichere Orientierungshilfen anbieten könnte.

2.4 Charakterisierungen von Instantwissen

2.4.1 Allgemeine Kurzcharakterisierung

Was Instantwissen (Instant Knowledge) meint, kann in einer ersten Annäherung durch eine Selbstanwendung des Ausdrucks umrissen werden. Dieses „Sofortwissen" zeichnet sich durch folgende Merkmale aus:

- Es ist leicht und schnell verständlich.
- Es ist (scheinbar) nicht weiter deutungsbedürftig.
- Es ist oft unterhaltsam oder anekdotisch.
- Es ist mehrheitsfähig.
- Es erklärt kurz und bündig und (scheinbar) umfassend das jeweils fragliche Problem.
- Es ist ohne offensichtliche Nebenwirkungen.
- Es ist „wahr" oder zumindest plausibel.
- Es beruht auf einfachen oder besser: vereinfachten Darstellungen, zumeist auf Gemeinplätzen und unter Verwendung gängiger kollektiver Symbole bzw. Gruppenphantasien.
- Und es macht komplexere Beschreibungen (scheinbar) überflüssig.

Als Prototypen für diesen Wissenstypus lassen sich das Abfragewissen der Talkshows und jene wissenschaftliche Fragmente nennen, die in den Mediendiskursen zumeist locker, cool und fröhlich präsentiert werden. Aber nicht nur dort, wo der Fernsehprofessor, der in 20 Sätzen, 300 Worten oder 40 Sekunden etwa die Zusammenhänge von Klimaveränderungen und Hochwasserkatastrophen „erklären" soll, treffen wir das Instant Knowledge an; es scheint in immer mehr Lebenszusammenhängen eine Rolle zu spielen.

Für die nähere theoretisch motivierte Charakterisierung dieses Wissenstypus bieten sich verschiedenste wissens- und medientheoretische Zugänge an, wobei sich insbesondere Fragen der (Ent-)Kontextualisierung, Globalisierung und Trivialisierung als relevant erweisen. Ich werde mich bei der Beschreibung instantaner Wissensformen auf drei Lesarten beschränken: situationsbezogenes Orientierungswissen, unproblematisches Gebrauchswissen und Massenwissen im Dienste von Herrschaftsinteressen. Diese erweisen sich als vorläufige Leitmarken der Kurzbeschreibungen, ohne damit andere Lesarten des Instant Knowledge ausschließen zu wollen (vgl. Hug 1998).[9]

---

[9] Zur Frage des Zusammenhangs verschiedener Lesarten von Instantwissen vgl. Heyting/Hug (2000).

2.4.2 Situationsbezogenes Orientierungswissen

Im Anschluss an Gergen (1996) beispielsweise lässt sich Instantwissen als situa-
tions- und kontextbezogenes 'Sofort-Wissen' beschreiben. Damit ist jenes Wissen gemeint, das angesichts beschleunigter Interaktionsformen, episodischer
Identitäten und pluraler Zugehörigkeiten schnelle Orientierung und flexibles
Fortkommen ermöglicht oder erleichtert. Die 'Technologien der sozialen Über-
sättigung' erfordern ein entsprechend flexibles Orientierungswissen. Mobiltele-
fone, Computer, E-Mail, Fax und Satelliten intensivieren die sozialen Verknüpfungen und lassen immer mehr Menschen und Einrichtungen miteinander „kommunizieren". Ständig neue Situationen, Personen, Umstände und Konstellatio-
nen erfordern situationsadäquate Handlungsmuster, neues soziales Orientierungswissen sowie entsprechende Formen geographischer, sozialer und psychischer Mobilität. So gesehen verlangen die High-tech-Veränderungen 'high
skills', also jene Kunstfertigkeiten und Kenntnisse, die Erfolg versprechendes
Weiterkommen in allen Lebenslagen in Aussicht stellen.

2.4.3 Gebrauchswissen im Dienste der Erlebnisorientierung

Eine andere Lesart des Instantwissens ergibt sich im Kontext von Schulzes „Erlebnisgesellschaft" (1995). In dieser detailreichen Analyse richtet der Autor das
Augenmerk auf den Wandel grundlegender Lebensauffassungen und auf neuere,
weit verbreitete Bestrebungen, möglichst viele Situationen so zu gestalten, dass
sie als angenehm und befriedigend erfahrbar werden. Der kleinste gemeinsame
Nenner dieser Orientierungen besteht seiner Ansicht nach in der „Gestaltungs-
idee eines schönen, interessanten und subjektiv als lohnend empfundenen Lebens" (Schulze 1995: 37). Im Zuge einer sukzessiven Verfestigung erlebnis-
orientierter Handlungsweisen werden milieuspezifische und routinisierte Ziel-
Mittel-Komplexe herausgebildet. Die „Erlebnisrationalität", die sich aus dieser
„Systematisierung der Erlebnisorientierung" (vgl. Schulze 1995: 40) ergibt,
erfordert unproblematisches Gebrauchswissen, das seinen Überzeugungscharak-
ter weniger aus der „Richtigkeit" der Sache oder der Angemessenheit der Begründung, sondern primär aus dem Grad der psycho-physischen Befriedigung
oder der Annehmlichkeit der begleitenden Emotion bezieht.

2.4.4 Massenwissen im Dienste von Herrschaftsinteressen

Instantwissen kann auch beschrieben werden als Massenwissen im Dienste von Herrschaftsinteressen transnationaler Konzerne und politischer Eliten. Diese Variante lässt sich insbesondere im Lichte der Medien- und Kulturkritik von Herman und Chomsky (1988) verdeutlichen. Ihrer Auffassung zufolge sind einige wenige Großkonzerne mit der nationalen und übernationalen „Fabrikation von Konsens" befasst (vgl. Achbar 1996 sowie Achbar/Wintonick 1992). Während die neuen Zugangsmöglichkeiten zu umfänglichen Datenbanken und differenzierten Hintergrundanalysen meist für intellektuelle Minderheiten reserviert bleiben, dienen die audiovisuellen Kommunikationsmedien hauptsächlich der Ruhigstellung und Indoktrinierung der Massen in der liberalen Demokratie.

2.5 Bricolage und Tacit Knowledge

Die skizzierten Typen des leicht verständlichen 'Wissens auf den ersten Blick' stellen das eine Ende einer Wissensskala dar, deren anderes Ende ein weit verbreitetes Verständnis von wissenschaftlichem Wissen markiert. Dieses geht historisch gesehen vor allem auf die Erkenntnisprinzipien von René Descartes (1596-1650) zurück und gründet im wesentlichen auf der Annahme einer gegebenen Datenbasis, die objektiv ermittelt und deren gesetzmäßige Zusammenhänge subjektunabhängig in einer präzisen Wissenschaftssprache ausgedrückt werden können. Auch wenn im 20. Jahrhundert die Nachfolgemodelle der klassisch-neuzeitlichen Wissenschaftsvorstellung in verschiedenen Hinsichten kritisiert worden sind[10] und wir heute in den wissenschaftlichen Diskussionen eine Vielfalt von Empirie-Begriffen antreffen, werden die Tragfähigkeit und Brauchbarkeit des (scheinbar) sicheren „Langzeitwissens" in aller Regel überschätzt. Vergleichsweise wenig Beachtung und Wertschätzung finden hingegen bricolierende Wissensformen, die im mittleren Bereich der Skala anzusiedeln sind, und querliegende Formen des Tacit Knowledge.

---

[10] Diese Kritiken beziehen sich insbesondere auf die Selektivität der Themenhorizonte, die Relation von Qualität und Quantität, das Verhältnis von Abstraktion und Konkretion, die Beschränkung auf eine (tendenziell mathematische) Sprach- und Darstellungsform, die Vernachlässigung von leiblichen und kulturellen Aspekten sowie von lebensweltlichen Dimensionen, unreflektierte Herrschaftsansprüche, die Gesellschafts-, Geschichts- und Geschlechtblindheit der Wissenschaftsbemühungen sowie die Subjektunabhängigkeit der Erkenntnisbemühungen (vgl. Hug 2001).

2.5.1 Bricolage

Der französische Ausdruck bricolage kommt aus dem Bereich des nicht etablierten Handwerks. Er wurde von Claude Levi-Strauss (1968) in die Anthropologie eingeführt und in der weiteren Folge in der Wissenstheorie rezipiert. Im Unterschied zur umgangssprachlichen Bedeutung des Verbums bricoler, das soviel meint wie recht und schlecht reparieren bzw. ein Provisorium herstellen, kommt der bricolage in anthropologischer und wissenstheoretischer Perspektive eine positive Bedeutung im Sinne eines sparsamen, flexiblen und umsichtigen Denk- und Handlungsstils zu. Bei näherer Betrachtung lassen sich auch hier unterschiedliche Varianten beschreiben:[11]

Bricolage im Sinne von Claude Levi-Strauss (1968) meint ein Handlungswissen für den improvisierenden Umgang mit begrenzten Ressourcen und raumzeitlichen Beschränkungen. Ähnlich wie beim künstlerischen Schaffen ist das Tun und Handeln des Bricoleurs abhängig vom Vorgefundenen, ohne dass dies eine grundsätzliche Beschränkung der Gestaltungsmöglichkeiten bedeuten würde.

Sherry Turkle und Seymour Papert (1990) verwenden den Ausdruck Bricolage zur Beschreibung eines Arbeitsstils in der Welt des Programmierens, in der entgegen verbreiteten Auffassungen nicht nur strikte Planung, Abstraktion und Formalisierung eine Rolle spielen. Der bricolierende Stil stellt keine Vorstufe zu höheren Wissensformen, sondern einen unverzichtbaren Stil neben anderen dar, der charakterisiert wird als Form der Arbeitsorganisation, die nahe am Objekt ansetzt, assoziativ vorgeht und wiederholte Schritte der Neukontextualisierung tätigt.

Donald A. Schön (1987, 1991) hat verwandte Fragestellungen im Feld des institutionalisierten Bildungswesens und der LehrerInnenbildung bearbeitet. Auf dem Hintergrund einer Kritik technologischer Modelle und Rationalitätsverständnisse entwickelt er ein „Konzept der reflektierenden Praxis" (ebd.), in dem das fallbezogene Reflexionswissen ('reflection-in-action') eine wichtige Dimension bei der Problemlösung darstellt und bricolierende Züge aufweist.

---

[11] Vgl. die von Josef Perger verfassten Abschnitte 4.2.2 und 5.2.1-3 im Fernstudienkurs von Hug/Perger (2000).

2.5.2   Tacit Knowledge

Die zuletzt genannte Variante des fallbezogenen Reflexionswissens wird mitunter auch dem Tacit Knowledge zugerechnet (vgl. Neuweg 1999: 356 ff.; Altrichter 2000). Im Anschluss an Michael Polany (1985) ist damit ein Erfahrungswissen angesprochen, das jeweils an Akteure und konkrete Situationen gebunden ist und das ohne Verlust jener besonderen Qualitäten, die zur Bewältigung vor allem ungewohnter und problematischer Situationen erforderlich sind, nicht oder zumindest nicht konsequent entkontextualisiert oder begrifflich gefasst werden kann. Dieses Erfahrungswissen

> „gründet auf den Kompetenzen einzelner Individuen und bleibt auch an diese und an Handlungen gebunden, ist aber ein sozial verfügbarer Fundus von Wissen und Kenntnissen, der reflektiert, bewusst weiterentwickelt und an neue Situationen wohlüberlegt angepasst ist – gleichwohl aber nicht (wie das rationale Aussagewissen) in Regeln gebracht werden kann. Erfahrungswissen als soziales Wissen benötigt Vermittlungsformen und daher auch Sprache, wobei die Darstellung dieses Wissens nicht in bestimmten Regeln erfolgt, sondern in generellen Richtlinien (‚Daumenregeln‘) und in Erzählungen von Fallbeispielen" (Sexl 2002: 91).

Im Unterschied zum Instant Knowledge hat das Tacit Knowledge Hintergrundcharakter. Es ist mitunter zwar auch schnell verfügbar, setzt aber langjährige Erfahrung und intensive Übungszeiten voraus, ohne die flottes, angemessenes und qualitätsvolles Handeln nicht möglich wäre. Im Hinblick auf Verstehens- und Vermittlungsprozesse kommt literarischen Texten angesichts der metaphorischen Züge eine besondere Bedeutung zu.[12]

2.6   Ausblick

Dieses Panorama ausgewählter Wissensformen enthält einige Anknüpfungspunkte für die Entwicklung weiterer Charakterisierungen sowie Anregungen zur Ausdifferenzierung der skizzierten Varianten. Dabei gilt es einige Ambivalenzen und mögliche Fallen allzu vereinfachender oder einseitiger Betrachtung im Auge zu behalten:

Die Entwicklung lokaler und globaler Kulturen lässt sich nicht auf Prozesse der McDonaldisierung und Trivialisierung reduzieren. Mit der Entdifferenzierung von Wissensbeständen sind neue Formen der Differenzierung entstanden.

---

[12]   Vgl. den von Martin Sexl verfassten Abschnitt 5.2.4 im Fernstudienkurs von Hug/ Perger (2000).

So bieten z.b. die verschiedenen Massenmedien nicht nur simplifizierende Verwendungsformen wissenschaftlicher Denkangebote, sondern auch komplexe Angebote sowie Einstiegsmöglichkeiten in anspruchsvollere Reflexionskontexte, die der Entzifferung und Entzauberung der Technoimaginationen dienlich sein mögen.

Analog sind Hand in Hand mit den Phänomenen der Ent-Kontextualisierung des Wissens neue Spielarten der Re-Kontextualisierung entstanden. Die Ablösung von Informationsangeboten vom jeweiligen Entstehungskontext bedeutet nicht zwangsläufig Irritation, Geschichtslosigkeit und Beliebigkeit in der weiteren Verwendung. Was auf der einen Seite als Individualisierungsphänomen beschreibbar wird, lässt sich andererseits mitunter als Phänomen der Re-Kollektivierung darstellen (vgl. Volkmer 1998). Und so manche stereotypen Vereinfachungen des „instantanen", schulischen Abfragewissens lassen sich durch ein paar Maus-Klicks relativieren, in neuen Zusammenhängen sehen und kreativ weiterentwickeln.

Der Cyberspace eröffnet nicht nur Möglichkeiten der imperialistischen Durchsetzung von militärischen, sozialpolitischen oder ökonomischen Herrschaftsinteressen, sondern auch demokratische, emanzipatorische, feministische, ästhetische und pädagogische Optionen. Dabei sind die partizipierenden Subjekte nicht als pure Effekte der Mediendiskurse oder zum Appendix der medialen Materialitäten zu stilisieren. Die Wissensentwicklung ist weder in individueller noch in kollektiver Hinsicht im Sinne einfacher Kausalbeziehungen durch die Medienentwicklung determiniert. Vielmehr ist hier ein komplexes Zusammenspiel technologischer, sozialer und kultureller Aspekte oder – konzise mit Blick auf die Konzeption von Siegfried Schmidt (1996: 4 ff.) ausgedrückt – von Kognition, Kommunikation, Medien und Kultur in Betracht zu ziehen (vgl. auch Schmidt 2000). Mit den neuen Computertechnologien sind gerade für die heranwachsende Generation neue Chancen der kreativen und innovativen Medienproduktion entstanden, sich der Kontrolle der „machthabenden Instanzen" zumindest partiell entziehen.

Im Anschluss an die Beobachtungen, die zur Rede von der Mediatisierung der Lebenswelt geführt haben, zeichnet sich auch ein paradigmatischer Wandel in der Medientheorie ab. Medialität ist keine optionale Dimension, die zur Bestimmung von Erziehung, Bildung, Sozialisation, Kommunikation, Gesellschaft, Wissen und Kultur quasi hinzukommen kann oder auch nicht, sie bezeichnet vielmehr die unausweichliche Verfasstheit dieser Bereiche. Im Zuge des „medial turn" (vgl. Margreiter 1999) stellen sich denn auch die Aufgaben der Wissens- und Kommunikationsforschung in neuer Perspektive. In pädagogischer

Hinsicht besteht die zentrale Herausforderung dabei darin, die Suche nach Schonräumen jenseits medienimprägnierter Lebenswelten aufzugeben und aus dem Netz medialer Verstrickungen heraus Angebote zur kritischen Reflexion und Gestaltung von Bildungs- und Lernumgebungen zu machen und Möglichkeiten des Erwerbs von Medienkompetenzen auf breiter Basis zu eröffnen.

Das „leichtverdauliche" Wissen auf den ersten Blick sagt – wie die Liebe auf den ersten Blick – von sich aus noch nichts über seine Tragweite aus. Eine „rein" kognitive Betrachtungsweise wird hier wie dort zu keinem befriedigenden Ergebnis führen. Umgekehrt dürfte sich in diesem Zusammenhang die Berücksichtigung „affektlogischer" Perspektiven (vgl. Ciompi 1997) als besonders fruchtbar herausstellen, zumal die skizzierten Wissensformen positive und negative Dimensionen aufweisen können.

Die Fragmentierung des Wissens, die Probleme im Kontext der Bemühungen um systematisiertes Langzeitwissen, die zunehmende Relevanz von lokal begrenzten Lösungsstrategien sowie von kurzfristig entstehendem und rasch abrufbarem Wissen müssen nicht zwangsläufig oder ausschließlich als Verlust von Sicherheit und zeitlosen Werten beklagt werden. Im Gegenteil: Die verschiedenen Formen des Instantwissens, der Bricolage und des Tacit Knowledge können sich bei der partiellen Überbrückung der Kommunikations- und Wissensklüfte als nützlich und darüber hinaus generell als neue Bindekräfte in Multioptions- und Entscheidungsgesellschaften erweisen.

Übungsaufgabe 3:

Die skizzierten Gegenwartsdiagnosen haben exemplarischen Charakter. Inwiefern halten Sie sie für zutreffend, problematisch oder diskussionswürdig und wie begründen Sie Ihre Sicht der Dinge? Wählen Sie aus der Liste folgender Bücher eines aus oder recherchieren Sie in Buchhandlungen, Datenbanken und im Internet nach weiteren Zeit-Diagnosen und formulieren Sie im Anschluss an die Lektüre ausgewählter Passagen eine zeitdiagnostische These.

Aburdene, Patricia/Naisbitt, John: Megatrends: Frauen. München (Econ) 1993.

Barber, Benjamin R.: Coca Cola und Heiliger Krieg. Wie Kapitalismus und Fundamentalismus Demokratie und Freiheit abschaffen. Bern u.a. (Scherz) 1996.

Beck, Ulrich (Hg.): Perspektiven der Weltgesellschaft. Frankfurt/M. (Suhrkamp) 1998.

Becker, Jörg: *Information und Gesellschaft. Wien/New York (Springer) 2002.*

Fukuyama, Francis: *Der große Aufbruch. Wie unsere Gesellschaft eine neue Ordnung erfindet. Wien (Zsolnay) 2000.*

Glotz, Peter: *Die beschleunigte Gesellschaft. Kulturkämpfe im digitalen Kapitalismus. München (Kindler) 1999.*

Gross, Peter: *Die Multioptionsgesellschaft. Frankfurt/M. (Suhrkamp) 1994.*

Hobsbawm, Eric: *Das Gesicht des 21. Jahrhunderts. München (Hanser) 2000.*

Rifkin, Jeremy: *Das biotechnische Zeitalter. Die Geschäfte mit der Genetik. München (Bertelsmann) 1998.*

Übungsaufgabe 4:

Rekapitulieren Sie nochmals die allgemeinen wissenstheoretischen Überlegungen, wählen Sie zwei Unterscheidungen aus und beschreiben Sie die entsprechenden Wissensarten jeweils anhand eines konkreten Beispiels.

Übungsaufgabe 5:

Überlegen Sie, in welchen Lebenszusammenhängen die verschiedenen Formen des Instantwissens, der Bricolage und des Tacit Knowledge Ihres Erachtens besondere Relevanz haben und beschreiben Sie einige Charakteristika dieser Typen anhand selbstgewählter Beispiele.

Literatur- und Medienverzeichnis

Achbar, M. (1996): Noam Chomsky – Wege zur intellektuellen Selbstverteidigung. Medien, Demokratie und die Fabrikation von Konsens. München/Grafenau

Achbar, M./Wintonick, P. (1992): Manufacturing consent: Noam Chomsky und die Medien. (VHS Videokassette, 164 Min.), München (Arthaus Video)

Altrichter, H. (2000): Handlung und Reflexion bei Donald Schön. In: Neuweg, G. H. (Hg.): Wissen – Können – Reflexion. Ausgewählte Verhältnisbestimmungen. Innsbruck u. a.: 201–221

Bauman, Z. (1995): Life in Fragments. Essays in Postmodern Morality. Oxford/Cambridge

Böhme, G. (1997): The structures and prospects of knowledge society. In: Social Science Information 36. H. 3: 447-468

Brüggen, M. (1974): Wissen. In: Krings, H. u.a. (Hg.): Handbuch philosophischer Grundbegriffe. Bd. 6, München: 1723–1739

Ciompi, L. (1997): Die emotionalen Grundlagen des Denkens. Entwurf einer fraktalen Affektlogik. Göttingen

Foucault, M. (1998): Archäologie des Wissens. Frankfurt/M.

Gergen, K. J. (1996): Das übersättigte Selbst. Identitätsprobleme im heutigen Leben. Heidelberg

Glasersfeld, E. von (1997): Wege des Wissens. Konstruktivistische Erkundungen durch unser Denken. Heidelberg

Herman, E. S./Chomsky, N. (1988): Manufacturing consent: the political economy of the mass media. New York

Heyting, F./Hug, Th. (2000): 'Instant Knowledge' – Epistemische und soziale Dimensionen flotter Weisen der Welterzeugung. In: Fischer, Hans Rudi/Schmidt, Siegfried J. (Hg.): Wirklichkeit und Welterzeugung. In memoriam Nelson Goodman. Heidelberg: 223–230

Hug, Th. (1998): Lesarten des 'Instant Knowledge'. In: Hug, Th. (Hg.): Technologiekritik und Medienpädagogik. Zur Theorie und Praxis kritisch–reflexiver Medienkommunikation. Baltmannsweiler: 180–188

Hug, Th. (Hg.) (2001): Wie kommt Wissenschaft zu Wissen? 4 Bände/2 CD–ROMs, Baltmannsweiler

Hug, Th./Perger, J. (2000): Instantwissen und Bricolage. Ein Studienbuch über Wissensformen in der westlichen Medienkultur. Hagen: Studienbrief der FernUniversität

Krcmar, H. (2000): Informationsmanagement. Berlin

Kübler, H.-D. (1997): Die Informationsgesellschaft im Trend: Aber in welchem? In:http://www.unistuttgart.de/UNIuser/hbi/publikat/hbipubl/guides/kuebler.html WWW-Dokument, Stand: 20-08-2000]

Kuhlen, R. (1995): Informationsmarkt. Chancen und Risiken der Kommerzialisierung von Wissen. Konstanz

Levi–Strauss, C. (1968): Das wilde Denken. Frankfurt/M. (frz. Org. 1962)

Lyotard, J.-F. (1986): Das postmoderne Wissen. Ein Bericht. Wien

Marti, U. (1988): Michel Foucault. München

Neuweg, G. H. (1999): Könnerschaft und implizites Wissen. Zur lehr- lerntheoretischen Bedeutung der Erkenntnis- und Wissenstheorie Michael Polanyis. Münster u. a.

Polanyi, M. (1985): Implizites Wissen. Frankfurt/M.

Ritzer, G. (1995): Die McDonaldisierung der Gesellschaft. Frankfurt/M.

Ryle, G. (1946): Knowing How and Knowing That. In: Proceedings of the Aristotelian Society. No. 55, 1-16

Schmidt, S. J. (1996): Die Welten der Medien. Grundlagen und Perspektiven der Medienbeobachtung. Braunschweig/Wiesbaden

Schmidt, S. J. (2000): Kalte Faszination. Medien – Kultur – Wissenschaft in der Mediengesellschaft. Weilerswist

Schneider, H. J. (1992): Phantasie und Kalkül. Über die Polarität von Handlung und Struktur in der Sprache. Frankfurt/M.

Schön, D. A. (1987): Educating the Reflective Practitioner. Toward a New Design for Teaching in the Professions. San Francisco

Schön, D. A. (1991): The Reflective Practitioner. How Professionals Think in Action. Aldershot/Hants

Schulze, G. (1995): Die Erlebnis–Gesellschaft. Kultursoziologie der Gegenwart. Frankfurt/New York

Sexl, M. (2002): Literatur und Erfahrung. Ästhetische Erfahrung als Reflexionsinstanz von Alltags- und Berufswissen. Eine empirische Studie. Innsbruck: Habilitationsschrift an der Geisteswissenschaftlichen Fakultät der Leopold-Franzens-Universität Innsbruck

Stehr, N. (1994): Arbeit, Eigentum und Wissen. Zur Theorie von Wissensgesellschaften. Frankfurt/M.

Turkle, Sh./Papert, S. (1990): Epistemological pluralism: Styles and voices within the computer culture. Signs: Journal of Women in Culture and Society, 16 (1): 128–143

Virilio, P. (1989): Der negative Horizont. Bewegung – Geschwindigkeit – Beschleunigung. München/Wien

Virilio, P. (1996): Fluchtgeschwindigkeit. München/Wien

Volkmer, I. (1998): 'Hic et nunc' von Nachrichtengenerationen. Überlegungen zu der Kategorie des 'Da–seins' aus der Sicht globaler Phänomenologie. In: Hug, Th. (Hg.): Technologiekritik und Medienpädagogik. Zur Theorie und Praxis kritisch–reflexiver Medienkommunikation. Baltmannsweiler: 167–179

Weber, G./Simon, F. B. (eds.) (1990): Carl Auer: Geist or Ghost. Merkwürdige Begegnungen. Heidelberg

Weingart, P. (2001): Die Stunde der Wahrheit? Zum Verhältnis der Wissenschaft zu Politik, Wirtschaft und Medien in der Wissensgesellschaft. Weilerswist

3.   Wissensmanagement in Betrieb, Erwachsenenbildung und Schule
Werner Wiater

In den 90er Jahren des letzten Jahrhunderts kam der Begriff „Wissensmanagement" auf, veranlasst durch die neuen Möglichkeiten der Informations- und Kommunikationstechniken und bevorzugt rezipiert in den Wirtschaftswissenschaften und bei der Betriebssoziologie. Als Begriff, der Assoziationen von Innovation und Optimierung hervorruft, hat er sich seitdem dort fest etabliert, gleichzeitig aber auch Interesse in anderen Wissenschaften und Handlungsfeldern ausgelöst. Denn Wissen ist nicht nur eine Ressource in Unternehmen, sondern auch ein Bestandteil aller menschlichen Lebensbereiche, im Alltag ebenso wie in Bildungsinstitutionen, im zwischenmenschlichen Umgang gleichermaßen wie in der Persönlichkeitsentwicklung jedes Einzelnen. Wissen hat mit Lernen – verstanden in einem weiten Wortsinn als Grundbegriff für alle pädagogischen Prozesse der Aufnahme und Verarbeitung von Informationen – zu tun, und gelernt wird tagtäglich, überall und lebenslang, aus eigenem Antrieb heraus, durch andere Menschen veranlasst oder auch zufällig, nebenbei und aus gemachten Erfahrungen. Immer haben diese Lernprozesse mit der Persönlichkeitsbildung dessen zu tun, der sie vollzieht, und immer haben sie auch kognitive Anteile oder lassen sich in Wissen und Verstehen überführen. Infolgedessen ist Wissensmanagement keineswegs nur ein Thema der Betriebswirtschaft, es hat vielmehr stets auch mit Bildung zu tun. Das näher auszuführen und die Unterschiede von Wissensmanagement-Konzeptionen in verschiedenen Kontexten herauszuarbeiten, ist Ziel der folgenden Ausführungen.

3.1   Terminologische Klärungen

Was die Begriffe „Wissen" und „Managen" bedeuten und in welchem Verhältnis sie zueinander stehen, bedarf einleitend einer Klärung.

3.1.1   Wissen

„Wissen" muss zunächst in Abgrenzung zu „Daten" und „Informationen" bestimmt werden (H. Willke 1998: 8ff.). Unter „Daten" versteht man heute (lediglich) eine „geregelte Folge von Zeichen", durch Beobachtung zustande gekommen und in Zahlen, Texten, Symbolen oder Bildern kodiert, ohne eigene Bedeutung oder Hinweise auf ihre Verwendbarkeit oder Brauchbarkeit. Sie bilden gewissermaßen den Rohstoff für „Informationen". „Informationen" hingegen sind Daten, die in einen Bedeutungs- und Problemkontext gestellt sind und dadurch über einen Sachverhalt aufklären; allerdings stehen sie immer im Kontext von Relevanzen, die ihrerseits systemabhängig sind. Damit aus Informationen „Wissen" entsteht, muss der Mensch (oder auch ein System) sie in seinen Erfahrungskontext, seine Denk-, Gefühls-, Handlungs- und Wollensstruktur aufnehmen; dabei wählt er sie aus, bewertet und vergleicht sie mit im Gedächtnis abgespeichertem Wissen und vernetzt sie damit. Danach sind die Informationen Bestandteil seines persönlichen Wissens. Wissen ist deshalb nicht gleichzusetzen mit verfügbaren Informationen, sondern es ist erst mit der Fähigkeit des einzelnen Menschen gegeben, geordnete Aussagen über Fakten und Ideen herzustellen und übermitteln zu können sowie diese im Kontext bewussten sozialen Handelns umzusetzen. Von Wissen spricht man im Unterschied zu Daten oder Informationen also erst, wenn Daten und Informationen Eingang in die Denkstruktur des Menschen gefunden haben und Bedeutung, Werteinsicht, Beziehung und Impulse zum Weiterdenken und zum Handeln gegeben sind. Die individuelle Verfügbarkeit von Wissen ist demnach ein entscheidendes Kriterium (in Differenz zur Information), ein anderes dessen Nutzen für Reflexion, Verständigung, Problemlösung und Veränderung.

Die Wissenschaftssprache nimmt beim Begriff „Wissen" noch zahlreiche weitere Abgrenzungen und Differenzierungen vor. So wird Allgemeinwissen von Fach- oder Spezialwissen einerseits und Basis-, Grundwissen oder Orientierungswissen andererseits unterschieden. Auch spricht man von „trägem Wissen" (tacit knowledge) und meint damit ein erworbenes (Fach-)Wissen, über das der Mensch allenfalls für Prüfungen in der Institution verfügt, in der er dieses Wissen erlangt hat, das er aber nicht auf unterschiedliche Zusammenhänge und Anwendungsbereiche übertragen kann bzw. überträgt.

Die Psychologie teilt Wissen nach dem Bewusstheitsgrad in voll bewusstes, unterbewusstes, nicht bewusstes und unbewusstes Wissen ein. Hier wird häufig auch „implizites Wissen" (als kontextspezifisches, analoges Erfahrungswissen, als persönliches Wissen aus verarbeiteten oder unverarbeiteten Erfahrungen, als Problemlöse-Kompetenz, die schwer zu formalisieren und zu kommunizieren ist) von „explizitem Wissen", (als präsentem, artikulierbarem und kommunizierbarem Wissen) abgegrenzt.

Als Komponenten des Wissens werden in der Psychologie ferner unterschieden:

- deklaratives Wissen: „knowing what", „Sachwissen", „Informationswissen" als das „Was" des Wissens (Inhalte, Fakten, Prinzipien...),

- prozedurales Wissen: „knowing how", „Handlungswissen", als das Wissen, wie man etwas macht (Fertigkeiten, Verfahren...),

- episodisches Wissen: als „Wissen über Ereignisse", die persönlich belangvoll sind bzw. waren,

- konditionales Wissen: als das Wissen darum, „wo und wie etwas angewendet oder verwendet werden kann" (Bedingungen abschätzen, Strategien finden...),

- reflexives Wissen: „metakognitives Wissen", als das Wissen um das eigene Wissen und die Einschätzung des eigenen Wissens (vgl. Mandl/Gerstenmaier 2000).

In der Allgemeinen Pädagogik hat sich in einer gewissen Nähe zur Psychologie die Unterscheidung von folgenden Wissensformen weitgehend durchgesetzt (vgl. Weber 1999: 51 f.):

- Wissen über Sachverhalte oder Wissen über komplexe Gegebenheiten und Zusammenhänge (deklaratives Wissen), abgespeichert im semantischen und im episodischen Gedächtnis,

- Wissen, das psychomotorischen und kognitiven Fertigkeiten zugrunde liegt (prozedurales Wissen) und den Ablauf komplexer Handlungsfolgen steuert,

- Wissen über Strategien des Problemlösens sowohl bereichsspezifisch als auch allgemein (methodisches Wissen),

- metakognitives Wissen und metakognitive Kontrollprozesse als Wissen über das eigene (Nicht-)Wissen und Nachdenken über das eigene Denken.

Manchmal wird diese Reihung noch ergänzt um:

- sozialkommunikatives Wissen, als Wissen um soziale Kompetenzen wie Kommunikations- und Kooperationsfähigkeit, Empathie, Sensibilität, Toleranz usw. (vgl. Glötzl 2001: 124),

- kulturelles Grundwissen, als Wissen um die „großen Gegenstände" aus Literatur, Musik, bildender Kunst, Architektur, Philosophie, Religion, Naturwissenschaft, Mathematik, Technik, Geschichte usw.

Die 1998 vom Bundesminister für Bildung, Wissenschaft, Forschung und Technologie in Auftrag gegebene Delphi-Studie, bei der sich 1000 Experten mittels mehr als 600 Fragen über die Potenziale und die Dimensionen der Wissens-Gesellschaft bis zum Jahre 2020 und deren Auswirkungen auf Bildungsprozesse und Bildungsstrukturen äußern sollten, erbrachte, dass Allgemeinbildung und Wissen einen hohen Stellenwert haben. Die Befragten betrachteten als Elemente des hoch bewerteten Allgemeinwissens:

- instrumentelle bzw. methodische Kompetenzen wie Kulturtechniken, Kreativtechniken, Umgang mit Informationstechniken,

- personale Kompetenzen wie Selbstbewusstsein, Umgang mit Gefühlen, Handlungskompetenz, Neugier, Offenheit,

- soziale Kompetenzen wie kommunikative Kompetenz, Toleranz, Verantwortungsbereitschaft, prosoziales Verhalten,

- inhaltliches Basiswissen z. B. über aktuelle Probleme wie Ökologie, europäische Integration oder Globalisierung und über inhaltliche Grundlagen wie Geld, Wirtschaft, Erziehung, Pädagogik, Geschichte, Philosophie, Literatur, Technik, Biologie usw.

War Wissen bisher vorwiegend Deutungs- und Orientierungswissen, so hat es mit der Wissensgesellschaft eine neue Dimension erhalten. Wissen wird in den High-Tech-Systemen als objektiviertes Wissen und Expertise eingebaut und bewirkt dort die „Intelligenz des Systems", das entscheidungsfähig und interaktiv Problemlösungen findet. Konnte Wissen in Organisationen bisher nur über Personen aktiviert werden, so ändert sich dies zugunsten von elektronischen Systemen; es kommt zu einer „systemischen Autonomisierung der Verwendung des Wissens" (Willke 1997: 13-298). Statt Kapital, natürlichen Ressourcen und Arbeitskraft wird Wissen auf diese Weise zum Produktionsmittel.

Im Kontext der Diskussion um „den Betrieb als lernende Organisation" kommt es außerdem zu einer eigenen wirtschaftswissenschaftlich determinierten Einteilung von Wissensformen. So geht Baecker (1999: 70 ff.) davon aus, dass Wissen im Betrieb nicht in erster Linie persönliches Wissen ist, sondern auch soziales Wissen, das in den Verhältnissen steckt. Im einzelnen unterscheidet er:

Produktwissen: das Wissen darum, zu welcher Problemlösung ein Produkt beiträgt.

Gesellschaftliches Wissen: das Wissen um die Rahmenbedingungen, unter denen eine Organisation arbeitet und nach denen sie funktioniert.

Führungswissen: das Wissen um die hierarchischen Strukturen einer Organisation, um die erwartbare Disziplin, um die Motivationsweisen, Kooperationsformen und Karriereerwartungen der Mitarbeiter.

Expertenwissen: das Wissen über Möglichkeiten der Produktion, des Absatzes, der Organisation, der Kontrolle, der Strategien und des Einsatzes von Personal im Betrieb.

Milieuwissen: das Wissen über Interna des Betriebs, was welchen Mitarbeitern zugemutet werden kann, wie Kontrolle wirkt, wie mit welchen Mitarbeitern kommuniziert werden kann.

Die Betriebswirtschaft legt ferner Wert auf die Unterscheidungen zwischen verteiltem Wissen (distributed cognition) und gemeinsamem Wissen (shared cognition) sowie auf die zwischen individuellem Wissen der Mitarbeiter und dem organisationalen Wissen, das in den sozialen Systemen einer Organisation vorhanden ist.

Aus der philosophischen Anthropologie gesellschaftswissenschaftlicher Provenienz wird eine weitere Unterscheidung beigetragen. Scheler (1929) geht davon aus, dass die menschlichen Lebenswelten durch Wissen, näherhin durch Wissensformen verschiedener Art und durch die Sprache konstituiert werden. Für die soziale Konstituierung menschlicher Lebenswelten sind seiner Meinung nach konstitutiv und unverzichtbar:

- Erlösungs- (oder Heils-)Wissen
- Bildungs-Wissen
- Leistungs-(oder Herrschafts-)Wissen.

Um die Stellung des Menschen in der Welt sachgerecht zu erfassen, bedarf es dieser drei Wissensformen, also mehrerer Wissensformen, einer „Pluralität von auf unterschiedliche Weltbereiche hin orientierten und sachlich bezogenen Wissensformen"..., die „die menschlichen (d. h. auch sozialen und politischen) Lebensordnungen oder Lebenswelten konstituieren"; denn „diese Pluralität (ist) nicht zufällig und unnötig und verzichtbar, sondern erforderliches und notwendiges Charakteristikum dieser Lebensordnung" (Stammen 2000: 28).

3.1.2 Die Entstehung von Wissen

Wissen entsteht in Folge eines Prozesses der Informationsaufnahme, Informationsverarbeitung und Informationsspeicherung.

Zur Informationsaufnahme zählen alle kognitiven Prozesse, die von der Wahrnehmung eines Reizes bis zu seiner Übernahme ins Kurzzeitgedächtnis reichen. Bei der ersten Aufnahme eines Reizes in das sensorische Register muss zwischen reaktiver Informationsaufnahme und aktiver Informationssuche unterschieden werden. Im ersten Fall bedarf es einer möglichst starken Auslösung (Motivierung). Soll diese Aktivierung erfolgreich ablaufen, muss sie Reize enthalten, die für die spezielle Gruppe der Lernenden emotional positiv besetzt sind, oder sie muss angeborene Reaktionen hervorrufen (z. B. werden mehrfarbige Darstellungen als „schön" empfunden). Solches „Anstoßen der Informationsaufnahme" nennt man extrinsische Motivation. Von intrinsischer Motivation spricht man, wenn jemand aktiv, innengesteuert selbst- und sachbezogen mit Interesse, Neugier und Spaß an Aufgabenstellungen herangeht.

Bereits in diesem ersten Stadium kann es zu Störungen kommen, die Wissen gar nicht erst entstehen lassen, nämlich wenn der Reiz nicht bemerkt oder nicht adäquat wahrgenommen wird, weil es z. B. an der nötigen Aufmerksamkeit fehlt. Am Beginn der Informationsverarbeitung steht die Bewusstwerdung der Wahrnehmung und der Versuch, sie zu verstehen. Die komplexe Struktur der Informationen löst beim Beobachter sofort Selektionsmechanismen aus. Das lernende Subjekt kategorisiert die Informationen, stellt etwas fest und folgert etwas. Entspricht das nicht oder nur teilweise den Erwartungen des Beobachters, entwickelt sich der Prozess nicht intensiv weiter. Denn das Subjekt stellt spontan zur Information eine emotionale Beziehung her (Interesse, Gleichgültigkeit, Ablehnung), die für den weiteren Verlauf des Prozesses entscheidend ist. Jeder verfügt über einen „Eingangsselektor", der die verfügbare Informationsmenge entsprechend den Bedürfnissen und Intentionen reduziert. Diese Selektion hängt sowohl vom jeweiligen psycho-physischen Zustand des Einzelnen ab wie auch von der Gesamtheit seiner Persönlichkeitsfaktoren (Alter, Geschlecht, Lernfähigkeit, körperliche Eigenschaften, sozio-ökonomische Faktoren, Gewohnheiten, Einstellungen, subjektive Theorien usw.). Dabei sind wiederum bestimmte Komponenten der Informationen bedeutsamer als andere: die Information selbst, die Art und Weise, wie sie sich darstellt oder dargestellt wird, ihre Komplexität sowie die bereits gedächtnishaft vorhandenen Teilinformationen darüber.

Sodann erfolgt deren innere Entschlüsselung zu für den Einzelnen bedeutsamen Informationen. Bei der Entschlüsselung erfolgen geistige Operationen:

- die wahrgenommenen Informationen werden zergliedert,

- ihre Eigenschaften werden erfasst,

- sie werden mit anderen Informationen verglichen,

- sie werden nach bestimmten Merkmalen geordnet,

- es wird von (im situativen Kontext) unwesentlichen Merkmalen abstrahiert,

- wesentliche Eigenschaften der Information werden verallgemeinert und klassifiziert,

- es wird vom Allgemeinen auf das Besondere konkretisiert.

Soll der Informationsprozess von außen gesteuert werden, so ist der enge Zusammenhang der Wahrnehmung mit den Emotionen/Einstellungen des Menschen zu berücksichtigen und die Aufmerksamkeit des Wahrnehmenden sicherzustellen. Andernfalls kommt es auch in diesem Stadium zu Störungen: Informationen werden nicht verstanden, nicht für wichtig befunden, als langweilig, fremd, beängstigend oder stressfördernd emotional abgelehnt und nicht gemerkt.

Eine erste Enkodierung erfolgt also durch Assoziieren, Verstehen, Klassifizieren und Einordnen der neuen Informationen in Kognitionen und Empfindungen.

Etwas wissen und behalten erfolgt nicht nur auf Grund bildhaft-ikonischer oder symbolisch-sprachlicher Repräsentation, sondern auch durch aktional-handlungsmäßige Repräsentation. Letztere steht am Ursprung des Denkens und bereitet die inneren Vorstellungsbilder der ikonischen Repräsentation und die handlungs- und bildfreie Darstellung der Welt in der symbolischen Repräsentation vor. Die Informationsspeicherung hängt nun entscheidend vom Lern-/Leistungsprofil und von der individuellen Lernweise des einzelnen ab. Bei der Langzeitspeicherung kommt es zu Gedächtnisspuren (Engrammen) im zentralen Nervensystem. Wichtigstes Problem ist dabei, das Behalten zu sichern und

Hemmnisse oder nachträgliche Veränderungen der schon gespeicherten Informationen möglichst zu verhindern. Letztere können durch physiologische Rückbildungen der Neuronensubstanz oder durch Interferenz (proaktive/retroaktive Hemmungen) entstehen. Zum Vergessen im eigentlichen Sinne kommt es im Kurzzeitspeicher, bei untauglichen Versuchen, sich Informationen einzuprägen, und bei ausbleibender Wiederholung. Das belegen Vergessenskurven: In den ersten Stunden nach der Einprägung erfolgt der größte Gedächtnisverlust. Unstrukturiertes und nicht verstandenes Lernmaterial wird schneller vergessen als sinnhaltiges; selbst erarbeitetes und audiovisuell aufgenommenes Lernmaterial behält man entschieden besser als nur gelesenes und nur gehörtes.

Allgemein lässt sich die Informationsspeicherung in zwei Phasen aufgliedern:

1. die Übungsphase zum Einprägen der neuen Informationen und

2. die Gedächtnisphase zur dauerhaften Absicherung der neuen Informationen.

Strategien des Einprägens helfen, Informationen sowohl beliebig lange im Kurzzeitgedächtnis zu halten, als auch sie in das Langzeitgedächtnis zu überführen.

Bei der Aufnahme und Speicherung von Informationen werden nach neueren Forschungen vor allem vier Gedächtnisarten unterschieden (Markowitsch 1997):

• das episodische Gedächtnis für autobiografische und singuläre Ereignisse im Lebenslauf

• das semantische Gedächtnis, in dem Fakten, Welterkenntnisse, Schulwissen, grammatische Regeln, Wissen um Zusammenhänge usw. gespeichert werden

• das prozedurale Gedächtnis für erlernte Bewegungsabläufe, mechanische und motorische Fertigkeiten, Handlungsstrategien und Übungen

• das Priming („Prägung"), durch das ähnlich erlebte Situationen und früher wahrgenommene Sinneseindrücke (wieder) erkannt und erinnert werden

• schließlich das autonome Gedächtnis, das bewirkt, dass man starke emotionale Erlebnisse (Schockerlebnisse) sehr fest behält und dass unwillkürliche, kaum kontrollierbare Körperreaktionen hervorgerufen werden

Diese „Gedächtnisse" sind im Gehirn unterschiedlich lokalisiert, arbeiten aber in komplexverknüpfender Weise zusammen. Die beiden erstgenannten Gedächtnisarten, die mit Sprache und Kognition zusammenhängen, kooperieren allerdings enger, wobei das episodische Gedächtnis dem Faktengedächtnis übergeordnet ist. Die persönliche Bedeutsamkeit und die erfahrene Bedeutung einer Information sind also besonders behaltenswirksam. Beide haben auch das limbische System als Informationsfilter vorgeschaltet, der alle Wahrnehmungen emotional einfärbt. Emotional belegte Informationen werden vom Gehirn nachhaltiger bearbeitet als neutrale, persönlich unbedeutende. Letztere bedürfen deshalb zusätzlicher Unterstützung durch das prozedurale Gedächtnis (vgl. wiederholte Übungen).

Der „Abruf" des gespeicherten Wissens erfolgt in der konkreten Praxissituation. Hier geschieht die Überprüfung des erworbenen Wissens auf Sinn, Wert und Relevanz bei Ausführung, Anwendung und Übertragung. Je nachdem wie diese Überprüfung ausfällt, wird der Mensch sein erworbenes Wissen als wichtig oder unwichtig einstufen und dann entsprechend damit weiter umgehen.

Rademacher (1999: 2 ff.) macht in diesem Zusammenhang noch darauf aufmerksam, dass die Wechselwirkung von „Kopf" (symbolische Verarbeitungsmechanismen) und „Bauch" (subsymbolische Verarbeitungsmechanismen) mehr Beachtung finden muss; Wissen müsse eher „holistisch" als „formalisierbar" angesehen werden.

Übungsaufgabe 7:

Zeichnen Sie an Hand dessen, was Sie im Abschnitt 3.1.1 dieses Beitrags gelesen haben, die Phasen der Entstehung von Wissen (d.h. des Informationsaufnahmeprozesses) nach!

3.1.3 Management und Wissen

Gemeinhin versteht man unter dem Management die Führung eines Betriebs oder Unternehmens. Die betriebswirtschaftliche Managementlehre ist da natürlich präziser. Sie unterscheidet zwischen Management als Institution und Management als Tätigkeiten zur Steuerung von Systemen.

„Mit Management als ‚Institution' meint man alle Positionen einer Organisation, die mit Anweisungsbefugnis betraut sind, also alle die Stellen, die sich die Führungsaufgabe teilen. Manager sind demnach alle Organisationsmitglieder, die Vorgesetztenfunktionen wahrnehmen, angefangen vom Gruppenleiter bis zum Vorstand" (Schreyögg 1993: 24 f.).

Dem steht das andere Verständnis von Management gegenüber, das als funktionales Management bezeichnet wird und alle Aufgaben und Aktivitäten umfasst, die zur Erreichung organisationaler oder auch persönlicher Ziele erforderlich ist.

Dieses Begriffsverständnis, auch Funktionsansatz genannt, fasst alle Handlungen zusammen,

„die der Steuerung des Leistungsprozesses einer Organisation dienen, solche ‚Steuerungshandlungen' können ganz unterschiedlicher Art sein, z. B. planende, organisierende oder kontrollierende Tätigkeiten" (a.a.O.: 25).

Die Verbindung der Begriffe „Management" und „Wissen" bringt einige spezifische Problemstellungen mit sich:

Management (als Institution und als Tätigkeit verstanden) mit Wissen in Verbindung bringen beinhaltet die Vorstellung, dass Erwerb, Erhalt und Verwendung des Wissens eines Menschen sowohl von außen (durch den Vorgesetzten) gefordert werden als auch dass sie vom Individuum selbst angestrebt werden um persönlicher oder beruflicher/organisatorischer Ziele willen.

Wer Wissen managet, muss mit besonderen Schwierigkeiten rechnen, die mit den individuellen Bedingungen bei der Informationsverarbeitung und speziell mit der emotionalen und volitionalen Struktur zusammenhängen.

Was mit Wissen im Einzelnen gemeint und avisiert ist, muss vorab präzise bestimmt werden; der vielperspektivische Wissenbegriff belegt das.

Wissen zu managen ist nicht mit einer einzigen Strategie oder nach einem einheitlichen Modell möglich, zu verschieden sind die Kontexte, in denen es verwendet werden soll, und die Dimensionen, die jeweils abgerufen werden müssen.

So wird beim Wissensmanagement in Unternehmen die Frage aufgeworfen, wie individuelle und organisationale Komponenten des Wissens ermittelt, verknüpft und gesteuert werden können. Dazu muss analysiert werden, wie und unter welchen Bedingungen welches neue Wissen hervorgebracht, gespeichert und im Unternehmen distribuiert werden kann (Willke 1998). Zu beachten ist hierbei, dass in Organisationen spezifische Regeln zum Generieren, Kombinieren und Kommunizieren sowohl von Daten als auch von Informationen vorhanden sind.

Ein besserer Umgang mit der strategischen Ressource Wissen verspricht dem Unternehmen eine erfolgreichere Lösung seiner Probleme und eine Steigerung der Markteffizienz seiner Produkte. Über Daten und Informationen hinaus soll dabei einerseits der Erfahrungskontext der beteiligten Personen aktiviert werden (= individuelles Lernen) und andererseits die organisationale Ebene angesprochen werden (= organisationales Lernen), da die Art der Probleme häufig die individuelle kognitive Verarbeitungskapazität übersteigt. (Wilkesmann 1999) In jedem Falle muss das Wissensmanagement praxisorientiert sein und für die Lösung konkreter Probleme einen evaluierbaren Nutzen haben.

Anders als beim Wissensmanagement in der Erwachsenenbildung, wenn es dort nicht um fachliche Weiterbildung sondern um Kurse des Selbst- und Fremdverstehens geht. Hier steht mehr das episodische, das reflexive, das sozialkommunikative und das kulturelle Wissen im Vordergrund.

Die subsymbolischen Verarbeitungsmechanismen haben dabei mehr Bedeutung als die symbolischen; die persönliche Bedeutsamkeit der Informationen und die steuernde Rolle des limbischen Systems bedürfen besonderer Beachtung.

Noch einmal anders ist das Wissensmanagement, wenn es um Wissen im Kontext schulischer Bildungsprozesse geht. Unterricht hat es mit der Vermittlung von Wissen zu tun, das von Kindern oder Jugendlichen angeeignet werden soll; die Lehrpläne schreiben das so vor. Infolgedessen richtet sich der Blick hier auf die kognitivistisch-konstruktivistischen Prozesse, die im Schüler beim Wissensaufbau und bei der Wissensspeicherung ablaufen. Diese zu durchschauen und selbsttätig vollziehen zu können, steht daher hier im Fokus der Aufmerksamkeit.

So klar die vorgenannten Abgrenzungen auch sind, und so notwendig sie für eine Analyse des Wissensmanagement in den unterschiedlichen Kontexten auch erscheinen, sie dürfen nicht darüber hinwegtäuschen, dass es stets um eine bewusste oder unbewusste Vermischung personaler und organisationalen Aspekte geht.

Übungsaufgabe 8:

Erläutern Sie den Unterschied zwischen Management als Institution und Management als Tätigkeit!

3.1.4 Wissensmanagement als Lehr-Lern-Prozess

Wissen wird erlernt und Wissen zu managen, kann nur über Lernprozesse beim Menschen gelingen. Deshalb ist es nötig, einen kurzen Blick auf das heutige Verständnis vom **Lernen** zu richten.

Zu den konstitutiven Merkmalen des heute meist akzeptierten Lernverständnisses gehört, dass Lernen in betrieblichen und schulischen Institutionen:

- ein aktiver Prozess ist, also nur Erfolg hat, wenn der/die Lernende selbst dabei tätig und eigenverantwortlich beteiligt ist

- ein konstruktiver Prozess ist, d. h. dass der/die Lernende immer nur auf der Grundlage seiner bestehenden individuellen Denk-, Gefühls-, Könnens- und Wollensstruktur neue Bedeutungen (neues Wissen, Können, Verhalten) aufbauen kann; Lernen ist nicht das Pendant zu Belehrung!

- ein situativer und sozialer Prozess ist, womit – erstens – ausgedrückt wird, dass es in und aus bestimmten Situationen des Denkens, Fühlens und Handelns heraus erfolgt, die besonders motivierend sind, wenn sie authentische Problemsituationen darstellen oder lebensnahe Anwendungsmöglichkeiten erkennen lassen; ferner – zweitens – wird damit ausgedrückt, dass es meist gebunden ist an den sozialen Diskurs und die Interaktion mit anderen Menschen, also aus sozialen Kontexten seine Bedeutung und Bedeutsamkeit bekommt

- ein selbstgesteuerter Prozess ist, also der/die Lernende mit seinem Selbst, mit der eigenen Persönlichkeit steuernd und kontrollierend beteiligt ist und nur bei vorhandener Bereitschaft zur Selbststeuerung neues Wissen, Können, Fühlen und Wollen aufbauen kann

- ein kumulativer Prozess ist, worunter zu verstehen ist, dass Lernen nicht sukzessiv aufbauend geschieht, sondern die Quantität und Differenziertheit der Vorerfahrungen und des vorhandenen Handlungswissens unterschiedlich viele Verknüpfungen im Gehirn mit sich bringt und daher Wissen exponentiell wächst.

Über die heute geläufige Vorstellung vom **Lehren** informiert die jüngere Instruktionsforschung. (Weinert 1996: 1-48)

„Instruktion lässt sich als Inbegriff jener Handlungen und Maßnahmen umschreiben, die darauf gerichtet sind, die Bedingungen, Prozesse und Ergebnisse des Lernens kollektiv, differentiell oder individuell zu optimieren; Instruktionsprinzipien sind dementsprechend grundlegende Aussagen darüber, was zu tun oder zu unterlassen ist, um Lernen in erwünschter Weise zu beeinflussen" (a.a.O.: 37 f.).

Über den Zusammenhang zwischen Lerntheorien und der Instruktionstheorie lässt sich sagen:

„Instruktionsmodelle sind ... Resultate wissenschaftlicher Bemühungen, um aus deskriptiven und explikativen Postulaten von Lerntheorien präskriptive Schlussfolgerungen für die Lernoptimierung zu ziehen und diese anschließend empirisch zu validieren bzw. systematisch weiterzuentwickeln" (a.a.O.: 4).

Im Unterschied zu den „klassischen" Lerntheorien, die den Lernenden als Individuum vernachlässigten, geht die Instruktionstheorie davon aus, dass Lernen – ganz im Sinne des heutigen Lernbegriffs – ein aktiver, konstruktiver, kumulativer Prozess und keine extern vermittelte, passiv aufgenommene und mechanisch verarbeitete Informationsmenge ist. Sie bedenkt, dass Lernen in dem Maße effektiver und produktiver ist, wie der Lernende den Lernstoff als Teil eines für ihn selbst bedeutsamen Kontextes erfährt (kontextuiertes und situiertes Lernen). Sie weiß um die Wichtigkeit von intrinsischer Motivation, von Interesse am Lerninhalt und von der Stimulation erlebter Lernfortschritte, wenn neue Informationen aufgenommen und verarbeitet werden sollen. Sie beachtet, dass selbstorganisiertes und selbstkontrolliertes Lernen wichtig ist, und zwar als Voraussetzung, Mittel und Ziel des Lehrens. Unter instruktionstheoretischem Gesichtspunkt lassen sich Lehrhandlungen nach vier komplexen Instruktionsstrategien typisieren, die meist als Mischformen vorkommen. Diese Strategien stehen in Abhängigkeit zur Art der zu erlernenden Kompetenz. F. Weinert stellt folgende Strategien zusammen:

1. Direkte Instruktion zum Erwerb intelligenten Wissens

Unter direkter Instruktion wird weder Paukunterricht noch Drill in Form des lehrerzentrierten Frontalunterrichts verstanden, sondern eine Lehrform, bei der die Lerner aktiv und konstruktiv, allein, mit Tutoren oder in Gruppen arbeiten, bei denen sie aber zum Erreichen maximaler Lern- und Leistungsfortschritte der Expertise eines Lehrers bedürfen. Aufgabe des „Instrukteurs" ist es dabei, für die „Schüler" angemessene Lehrziele festzulegen, den Lernstoff in fachlich-sinnvolle Lerneinheiten zu zerlegen, anhand von geeigneten Fragen und Problemstellungen das notwendige Wissen zu vermitteln bzw. von ihnen hervorbringen zu lassen, es durch ausreichende Übung und Lernzeit zu sichern, bei Lernschwierigkeiten Hilfe anzubieten und den Lernfortschritt jedes Einzelnen zu kontrollieren. Wird so vorgegangen, hat die direkte Instruktion – wie empirische Untersuchungen belegen – bei größeren Lerngruppen die größten Leistungszuwächse und besten individuellen Lernergebnisse (auch bei schwächeren Lernenden). Für den Erwerb von so genanntem „intelligentem Wissen" ist die direkte Instruktion die zweckmäßigste und effektivste Instruktionsstrategie. Unter intelligentem Wissen versteht man nicht mechanische Kenntnisse oder die passive Verfügbarkeit von Fakten, sondern „ein wohlorganisiertes, disziplinär, interdisziplinär und lebenspraktisch vernetztes System von flexibel nutzbaren Fähigkeiten, Fertigkeiten, Kenntnissen und metakognitiven Kompetenzen", kurz: verfügbares Wissen (Weinert 1998: 115). Dieses ist gerade nicht durch formale Techniken des Lernenlernens, auch nicht durch Schlüsselqualifikationen oder selbstbestimmte intrinsische Lernmotivationen der Lernenden zu erreichen. Hier ist lehrergesteuertes Lernen nötig, eine Lehrform, die vom Lehrer schülerorientiert vorgeplant ist und die durch Selbsttätigkeit das Verstehen des Lernstoffs fördert, Wissensdefizite oder Verständnisprobleme durch ein sachlogisch aufgebautes, systematisches, inhaltsbezogenes Lernen möglichst vermeidet.

2. Projekte, Lernteams, Recherchen zum Erwerb situierter Strategien der Wissensnutzung

Außer dem „intelligenten Wissen" müssen bei Lernenden noch andere Kompetenzbereiche aufgebaut werden. Dazu sind andere Unterrichtsformen als die direkte Instruktion nötig; denn diese ist für den Erwerb situierter Strategien der Wissensnutzung erfahrungsgemäß uneffektiv. Intelligentes Wissen flexibel und kompetent anwenden zu können, setzt voraus, dass die „Schüler" zur sachlogischen Systematik des Wissens dessen mögliche Anwendungsbereiche und situative Kontexte mit gelernt haben, um es richtig und kreativ einsetzen zu können. Dazu muss ihnen Gelegenheit gegeben werden, die relevanten Informationen aktiv, kreativ, situativ, in lebensnahen Lernarrangements zu erwerben, und nicht, sie erst nachträglich auf diese anzuwenden! Die dafür geeigneten Unterrichtsformen sind Projektarbeit, Lernteams, lebenspraktische Recherchen, originelle und variable Übungs- und Anwendungsaufgaben (Weinert 1998: 116).

3. Selbsttätiges Lernen, freie Arbeit und Gruppenarbeit zum Erwerb metakognitiver Kompetenzen

Sollten metakognitive Kompetenzen – neben intelligentem Wissen und situiertem Wissen ein dritter Lernbereich – erworben werden wie beispielsweise Lern- und Arbeitstechniken, Strategien der Informationsbeschaffung oder Lernenlernen bedarf es eines angeleiteten selbstständigen Lernens der „Schüler" in Verbindung mit inhaltsspezifischen Lehr-Lern-Einheiten. Die dafür geeigneten Formen sind das selbsttätige Erarbeiten, die freie geistige Tätigkeit, die Gruppenarbeit und alle Arten offenen „Unterrichts". Denn nur in solchen Unterrichtsformen können sich die Lernenden Lernstrategien aneignen, Erfahrungen mit ihren eigenen Stärken und Schwächen machen, die Bedeutung von Lernvoraussetzungen und Lernanstrengungen ermessen usw.

4. Diskurse, gewohnheitsmäßiges Handeln und positive Lernkultur zum Erwerb von Handlungs- und Wertorientierungen

Sind Handlungs- und Wertorientierungen Zielbereich der Instruktion, ist direkte Unterweisung ebenfalls unbrauchbar. die Lernenden sollen aus ihrem kognitiven Wissen über die Welt und den Menschen Orientierungen und Motivationen für ein verantwortliches Leben und Handeln entwickeln. Dazu müssen persönliche Erfahrungen reflexiv verarbeitet und Gewohnheitsbildungen angebahnt werden. Die infrage kommenden Lehrformen sind reflexive Diskurse, der Aufbau von verhaltenssichernden Gewohnheiten, vorbildhaftes Handeln des Instrukteurs, die Verwendung lebensnaher Beispiele für verantwortliches Handeln und Verhalten in der Gesellschaft, eine ermutigende Dialog-, Reflexions- und Toleranzkultur, aber auch verbindliche Verhaltensregeln, die individuelle Entscheidungsfreiheit mit fairem Sozialverhalten verbinden (nach Weinert 1998: 115-119). Für die Instruktion ist grundsätzlich zu fordern, dass sie adaptiv ist, d. h. die individuellen Unterschiede zwischen den Lernenden berücksichtigt. Sie muss versuchen, deren kognitive, motivationale und affektive Verschiedenheit didaktisch so zu beachten, dass jeder bestmöglichst gefördert wird. Dazu sind vielfältige Lehrformen neben- und miteinander zu praktizieren.

Hier kann auch die durch Tutoren unterstützte Instruktion (als punktuelle, sequenzielle und personale Anpassung der Instruktion an den Lerner) hilfreich sein, bei der „Mitschüler", pädagogische Assistenten, der Lehrer oder auch das Computerprogramm den Lernprozess unterstützen. Gleiches gilt für das kooperative Lernen als Instruktion in der und durch die (heterogene) Gruppe – eine Strategie, bei der Planung, Erarbeitung und Anwendung neuer Wissensgebiete über eine arbeitsteilige Beschäftigung mit Lerninhalten, Projekten oder Problemen erfolgt. Positive oder negative Effekte hängen hier nicht nur von der Persönlichkeitsstruktur der kooperierenden und sich gegenseitig instruierenden Lerner ab, sondern auch entscheidend von der Vorbereitung, Unterstützung und Nachbereitung durch den Instrukteur. Die heute viel genannte Strategie des selbstständigen Lernens als Selbstinstruktion ist zweifellos eine wichtige Voraussetzung, ein bedeutsames Mittel und letztendlich das eigentliche Ziel allen Lehrens.

Der Erfolg dieser Instruktionsstrategie hängt aber davon ab, ob bei den Lernenden kognitive und metakognitive Kompetenzen (Vorwissen, Kenntnis des Wissensaufbaus und des eigenen Lernens usw.) in ausreichendem Maße vorhanden sind, ob bei ihnen die erforderlichen motivationalen und volitionalen Voraussetzungen gegeben sind sowie ob sie über die notwendigen „Techniken" der Handlungsvollzüge und der Selbstmanipulation von Gefühlen, Einstellungen und Aufmerksamkeitsverteilungen verfügen (vgl. Weinert 1998: 29 – 36).

Übungsaufgabe 9:

Definieren Sie „Lernen" und „Lehren" aus heutiger Sicht!

3.2 Wissensmanagement in unterschiedlichen gesellschaftlichen Handlungsfeldern

Die vielen Facetten des Wissensbegriffs und die unterschiedlichen gesellschaftlichen Orte, an denen Wissen erworben und verwendet wird, machen es nötig zu differenzieren. Wissensmanagement nimmt jeweils andere Formen an, sofern es im Betrieb, in der Erwachsenenbildung oder in der Schule praktiziert wird – wobei diese drei gesellschaftlichen Handlungsfelder im folgenden exemplarisch und prototypisch dargestellt werden sollen. Der Betrieb als Wirtschaftseinheit zur Produktion von Gütern oder Erstellung von (Dienst-)Leistungen weist wirtschaftliche, organisatorische, technische und personale Aspekte auf. Geht es um das Wissensmanagement in ihm, so wird er unter der Perspektive des Lernorts gesehen, bei dem die genannten Aspekte in komplexer und komplizierter Weise zusammenwirken, um durch ein verbessertes Informations- und Handlungswissen zu erhöhten Produktionsleistungen und effektiveren Ergebnissen zu gelangen. Anders die Erwachsenenbildung als gesellschaftliches Handlungsfeld. Ihr Anliegen ist das Lernen und die Bildung von Menschen, die die Pflichtschule absolviert haben und in der Regel im Beruf stehen. Ihr Bildungsangebot umfasst Kurse, die die persönliche, gesellschaftliche, politische und berufliche Bildung der Erwachsenen vertiefen, erneuern und erweitern. Im Unterschied zum beruflichen Um- und Weiterlernen geht es bei der Erwachsenenbildung seit den 70er Jahren des letzten Jahrhunderts um die ständige Bemühung, „die Welt und sich selbst zu verstehen und diesem Verständnis gemäß zu handeln" (Deutscher Ausschuss für das Erziehungs- und Bildungswesen 1966: 870). Die Entwicklung der Selbst- und Sozialkompetenz des erwachsenen Menschen steht dabei im Vordergrund; die Institutionen der Erwachsenenbildung sind also Lernorte für eine lebensbegleitende Kompetenzentwicklung (Dohmen 1998). Ist deshalb in der Erwachsenenbildung von Wissensmanagement die Rede, so vorrangig (nicht ausschließlich) im Sinne, dass zentrales Wissen als Element der Selbstentwicklung und der Persönlichkeitsentfaltung gesehen wird. Der „subjektive

Faktor Mensch" (Nipkow 1994) steht hier im Vordergrund, seine Entwicklung zur Individualität, seine Verarbeitung kritischer Lebensereignisse, seine Selbstreflexion sowie sein Informations- und Handlungswissen. Wenn der Akzent auch auf dem persönlichen Wachstum liegt, so heißt das doch nicht, dass beim Wissensmanagement im Bereich der Erwachsenenbildung Aspekte der Organisation und des Fachwissens unerheblich wären. Die Schule (als dritter ausgewählter Lernort) ist eine gesellschaftliche Institution zur Erziehung und Bildung der nachwachsenden Generation. Ihre Hauptaufgabe ist es, durch Unterricht Kinder und Jugendliche in die kulturellen Lebensformen (im weiten Sinne des Wortes) einzuführen und sie zu befähigen, diese verantwortlich weiterzuentwickeln. Dazu vermittelt sie an die Schüler/Schülerinnen das in Fächern repräsentierte Grundwissen zum Verstehen der Welt, zum Selbst- und Fremdverstehen und zur selbstverantwortlichen Weltgestaltung. Wissen ist neben Haltungen/Einstellungen und Verhaltensweisen ein zentraler Bestandteil der Bildung. Es wird durch Lernen erworben und soll bildende Effekte auslösen. Auch beim Lernort Schule gibt es selbstverständlich organisationale und personale Aspekte, ist die Schule doch eine organisierte Institution der Gesellschaft und wirkt sie doch durch ihre Erziehungs- und Bildungseffekte auch auf das Selbst des Schülers/der Schülerin ein. Aus Gründen einer systematischen und exemplarischen Darlegung des Themas „Wissensmanagement" können diese Aspekte hinter dem Aspekt des Fach- oder Grundwissens zurücktreten.

3.2.1 Modell 1: Organisationswissen managen

Wissensmanagement im Betrieb

Am betriebssoziologischen Denken orientiert ist die Vorstellung von Wissensmanagement als einem „bewussten und systematischen Umgang mit der Ressource Wissen und dem zielgerichteten Einsatz von Wissen in der Organisation. Damit umfasst Wissensmanagement die Gesamtheit aller Konzepte, Strategien und Methoden zur Schaffung einer ‚intelligenten', also lernenden Organisation. In diesem Sinne bilden Mensch, Organisation und Technik gemeinsam die drei zentralen Standbeine des Wissensmanagements" (Reinmann-Rothmeier/Mandl/Erlach/Neubauer 2001: 18). Mit Wissensmanagement sollen die Unternehmensziele (Leistung, Wettbewerbsfähigkeit, Marktstellung, usw.) besser erreicht werden. Jedes Mitglied der Organisation wird hier als Träger von Wissen, Fähigkeiten und Kompetenzen betrachtet, die für den Erfolg des Unternehmens relevant sind. Für die Wertschöpfung des Unternehmens ist dabei zweierlei wichtig: zum einen die Wissensprozesse auf Seiten der Betriebsmitglieder aus den Bereichen Informationswissen und Handlungswissen so zu beeinflussen, dass sie zum Nutzen des Betriebs verwendet und gesteigert werden können, und zum anderen organisationale Rahmenbedingungen zu schaffen, die die intendierten Wissensprozesse erleichtern und unterstützen.

Das Münchner Modell des Wissensmanagement

Eine Forschergruppe um Mandl und Reinmann-Rothmeier hat sich an der Universität München mit der Frage befasst, wie Wissen im betrieblichen Kontext gemanagt werden müsste, damit der Unternehmenserfolg vergrößert und verbessert werden könnte. Sie orientierten sich dabei am Konzept der „lernenden Organisation" (vgl. Senge) und fassten den dazu notwendigen Prozess in folgende Grafik:

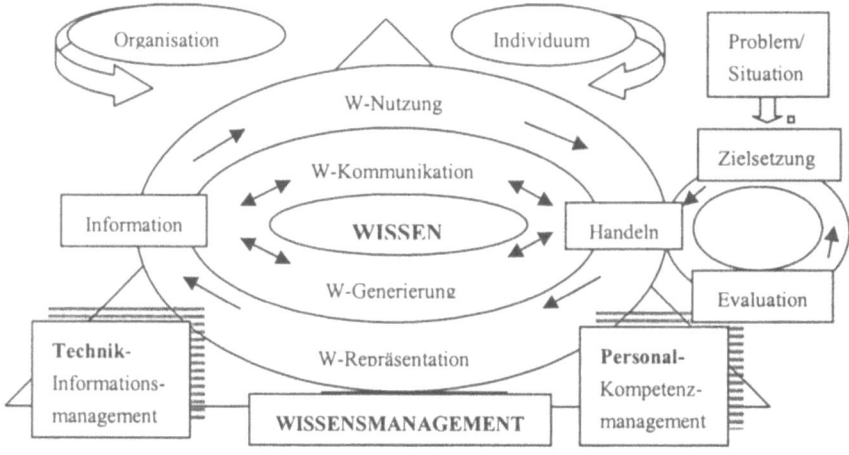

(aus Reinmann-Rothmeier/Mandl/Erlach/Neubauer 2001: 76)

In diesem Konzept von Wissensmanagement, das als Münchner Modell bekannt wurde, wird Wissen als ein individuelles, soziales und kollektives Gut betrachtet und gelten Wissensträger und Wissensnetzwerke als die Innovationskraft für Organisationen und für die Gesellschaft insgesamt. Mensch, Organisation und Technik müssen demnach beim Wissensmanagement zusammenwirken. Angestoßen wird der Prozess des Wissensmanagement durch eine Problemsituation, aus der sich eine – später zu evaluierende – Zielsetzung ergibt, die zu neuem Handeln veranlasst. Dafür ist neues Informations- und Handlungswissen erforderlich und die Nutzung der Wissensressourcen von Personal und Technik unverzichtbar. Die beteiligten Menschen müssen sich dabei einbringen und verändern, und auch die Organisation selbst unterliegt einem Wandel. Grafisch dargestellt ergibt sich der folgende Zusammenhang:

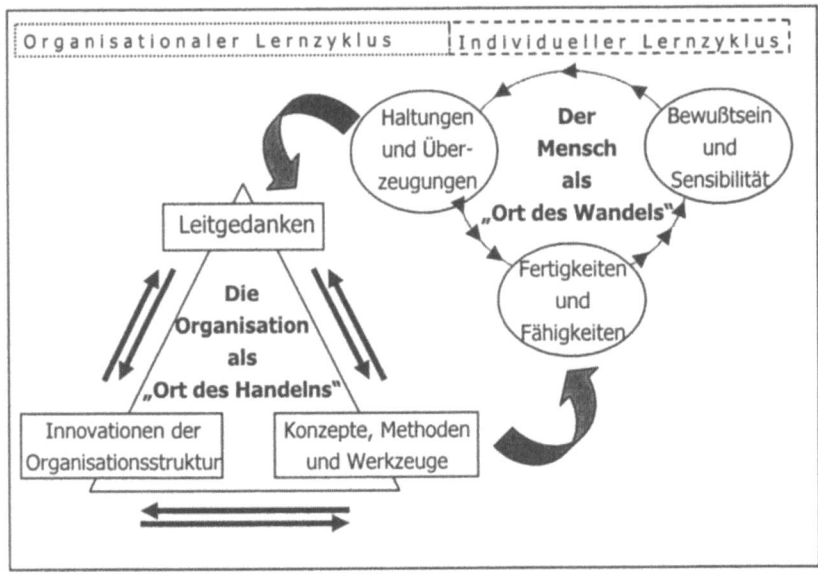

Vier Prozessbereiche im Wissensmanagement (aus: Reinmann-Rothmeier 2001: 27)

Zielsetzung, Wissensmanagementprozesse und Evaluation befinden sich dabei in einem Regelkreis. Im Einzelnen setzt sich das Management von Wissen nach dem Münchner Modell aus Prozessen zusammen, die generell als „Ankerpunkte" für individuelle und organisationale Wissensbewegung angesehen werden können.

1. Prozesse der Wissensrepräsentation

Wissensrepräsentation ist der Versuch, vorhandenes Wissen sichtbar, greifbar und zugänglich, technisch „handhabbar" und zugleich für andere verständlich zu machen. Es geht also um das Identifizieren von Wissen und um Möglichkeiten, dieses zu kodifizieren, zu dokumentieren und zu speichern. Hierbei können technische Hilfsmittel wie Internet oder Intranet genutzt werden.

2. Prozesse der Wissenskommunikation

Bei diesen Prozessen geht es darum, Wissen auszutauschen, es mit anderen zu teilen, zu vermitteln und zu vernetzen. Dies kann face-to-face erfolgen oder auch medienunterstützt. In jedem Fall geht es um die Frage, wie kommen die in einer größeren Gruppe von Menschen vorhandenen Kenntnisse und Erfahrungen an die, die diese brauchen, um ein Problem zu lösen, sowie um die andere Frage, wie eine gemeinsame Konstruktion neuen Wissens und eine wissensbasierte Kooperation aufgebaut werden können.

3. Prozesse der Wissensgenerierung

Diese Prozesse dienen der Konstruktion von neuem Wissen, dem Aufbau neuer, innovativer Ideen. Zu ihnen gehört sowohl die externe Wissensbeschaffung als auch das Einrichten spezieller Wissensressourcen wie auch die Schaffung persönlicher und technischer Wissensnetzwerke. Auch hier sind die Möglichkeiten der Informations- und Kommunikationstechnik von Bedeutung.

4. Prozesse der Wissensnutzung

Diese Prozesse beinhalten die Frage, was mit den ermittelten Informationen anzufangen ist. „Wissensnutzung" meint, Wissen anwendbar zu machen, aus dem Wissen Entscheidungen und Maßnahmen folgen zu lassen, Wissen in Tun zu überführen. Hier wird Wissen zum Handeln, Wissen in Produkte und Dienstleistungen transformiert. Für das Wissensmanagement ist die Bildung von „Learning Communities" oder „Communities of Practice" sehr hilfreich. Darunter versteht man Gruppen von Personen mit unterschiedlichen Wissensbeständen, die sich zur Lösung eines Problems aus eigenem Antrieb oder auf Veranlassung eines Außenstehenden (Vorgesetzten, Lehrers) zusammenfinden. Sie bringen in den Problemlösungsprozess unterschiedliche Expertisen ein, tauschen sich darüber aus, erweitern ihr Wissen durch Nutzung elektronischer Wissensinstrumente lösen das gestellte Problem und erwerben gleichzeitig durch kooperative Arbeits- und Lernprozesse neues Wissen (Winkler/Reinmann-Rothmeier/Mandl 2000).

5. Personale Aspekte des organisationalen Wissensmanagement

Wie aus dem Münchner Modell hervorgeht, sind beim Wissensmanagement organisationale, personale und technische Aspekte nicht voneinander zu trennen. Bei allen vier Prozessbereichen lässt sich dieser Zusammenhang leicht begründen:

Personale Aspekte bei der Wissensrepräsentation

Wissensrepräsentation setzt voraus, dass Menschen bereit sind, ihr Wissen nach „außen" zu tragen. Ängste vor Machtverlust und Kompetenzeinbußen oder vor einem Werteverlust der eigenen Person innerhalb der Organisation oder Institution entstehen so. Hinzu kommt die Bereitschaft, das eigene Wissen nicht nur offen zu legen, sondern dies auch in einer Weise zu tun, die anderen (aber auch einem selbst) den Umgang damit ermöglicht. Ein hohes Maß an Metawissen über die eigene Wissensbasis und über die eigenen Wissenslücken ist nötig, sowie die Fähigkeit, das eigene Wissen zu verbalisieren und zu präsentieren. Individuelle Kompetenzen in Artikulation, Darstellung, Strukturierung und Präsentation von Wissen sind also für den Erfolg dieser Prozesse unverzichtbar.

1. Personale Aspekte bei der Wissenskommunikation

Ähnliche Schwierigkeiten gibt es bei der Wissenskommunikation. Eine offene und erfolgreiche Wissenskommunikation kommt nur zustande, wenn Menschen das Gefühl haben, dass dieser Austausch ein gegenseitiges Geben und Neben (eine Win-Win-Situation) ist und sie selbst auch einen persönlichen Nutzen davon haben. Nur dann sind sie bereit, ihr Wissen preiszugeben, und sich zu überwinden, sich mit ihrem Informations- und Handlungswissen zu „outen". Psychologische Barrieren sind hier vor allem: mangelndes Vertrauen, Kontakt- und Interaktionsschwellen sowie fehlende soziale Fertigkeiten wie Kommunikations- und Teamfähigkeit.

2. Personale Aspekte bei der Wissensgenerierung

Neues Wissen hervorbringen kann nur, wer sein vorhandenes Wissen in Frage stellt, zukünftiges Wissen erahnt und neugierig und kreativ ist. Natürlich spielt es auch für die Wissensgenerierung eine Rolle, dass Menschen über ihr verfügbares Wissen überhaupt Bescheid wissen und ob sie fähig sind, ihr Wissen zu „teilen" und Synergieeffekte für neues Wissen nutzen zu wollen. Auch hier bilden mangelndes Vertrauen in die eigenen Lern-, Denk- und Problemlösepotenziale, fehlende Freiräume sowie unterschwellige Konflikte zwischen den Beteiligten Barrieren bei der Generierung neuen Wissens. Wichtig ist hier, die „passenden" Menschen in Teams und Communities zusammenzubringen. Gerade bei der Wissensgenerierung sind aber auch spezifische Probleme beim Erwerb und bei der Sicherung von Fachwissen zu bedenken, die lernpsychologische und neurophysiologische Überlegungen nötig machen.

3. Personale Aspekte bei der Wissensnutzung

Für diese Prozesse ist entscheidend, dass Menschen die Trägheit des Denkens überwinden, Routinen und Gewohnheiten stören lassen und Spielräume für die Umsetzung des neuen Wissens erhalten. Doch selbst wenn diese vorhanden sind, müssen Menschen sie auch wahrnehmen und nutzen können bzw. wollen. Wahrnehmung, Kompetenz, Motivation und Wille sind daher sowohl Bedienungsfaktoren bei der Wissensnutzung als auch potentielle Hindernisfaktoren. Das Selbst der Beteiligten kommt daher auch bei diesen Prozessen zur Geltung.

Die personalen Aspekte des Wissensmanagements haben allesamt mit der Bereitschaft und Fähigkeit des Einzelnen zu tun, den eigenen Wissensbedarf richtig zu diagnostizieren, Wissen zu bewerten und zu selektieren, es in umfassende Zusammenhänge und Wertbezüge einzuordnen, über das eigene Wissen zu kommunizieren, neues Wissen in Zusammenarbeit mit anderen Menschen zu konstruieren sowie daraus Handlungsorientierungen und Handlungsfähigkeiten zu gewinnen. Dieser Prozess gliedert sich in folgende Teilaspekte :

1. Schritt: die Bereitschaft und Fähigkeit zur Wissensdiagnose und zur Selbstevaluation

2. Schritt: die Bereitschaft und Fähigkeit zur Selbstreflexion, zum Lernen aus Fehlern und zur Selbstüberwindung

3. Schritt: die Bereitschaft und Fähigkeit zur Motivation und zur Suche nach Möglichkeiten neuer Informationsgewinnung

4. Schritt: die Bereitschaft und Fähigkeit zur Kommunikation und Kooperation bei der Gewinnung neuen Wissens

5. Schritt: die Bereitschaft und Fähigkeit zur Umsetzung des neu erworbenen Wissens in persönliches Handeln.

Übungsaufgabe 10:

Erklären Sie mit eigenen Worten, inwiefern Wissensmanagement im „Münchner Modell" eine individuelle, eine soziale und eine organisationale Komponente hat!

3.2.2 Modell 2: Persönlichkeitswissen managen

Wissensmanagement in der Erwachsenenbildung

Die Erwachsenenbildung als Ort eines „lebensbegleitenden Lernens" wird aus unterschiedlichen Motiven nachgefragt. Eines der zentralen ist das Bedürfnis der Menschen nach Selbstverwirklichung, danach, sich selbst besser kennen zu lernen, um ihr Leben besser oder erfüllter bewältigen zu können. Das Wissen um sich selbst und wie man damit umgehen kann bzw. soll, steht in der Wertschätzung vieler Erwachsener sehr hoch.

1. Selbst und Persönlichkeit

Im Verständnis der neueren kognitivistischen, systemischen und humanistischen Persönlichkeitstheorie gilt das Selbst des Menschen zum einen als psychische Instanz, die nach Kohärenz und Integration in einer sozialen Umgebung strebt und sich prozesshaft weiterentwickelt; zum anderen ist das Selbst der Motor und die Energiebasis für die Aktualisierung der Verhaltens- und Erlebensmöglichkeiten des einzelnen Menschen. Es ist der Kern seiner Persönlichkeitsstruktur; in ihm wirken angeborene Bedürfnisse, Schemata, Erfahrungen, Ziele und Vorannahmen zusammen und schaffen sein Identitätsbewusstsein. Das Selbst ist dabei ein selbstreferentielles und autopoietisches System, das sich strukturell weiterentwickelt. Es entwickelt sich in der präverbalen Kindheitsphase aus dem aktiven, körperbezogenen und ganzheitlichen Erleben/Empfinden (auftauchendes Selbst, Kern-Selbst) hin zum relationalen Selbst-Ich der verbalen Kindheitsphase, dessen Konstituierung im 2./3. Lebensjahr liegt. So lässt sich beim Selbst des Menschen eine Es-Funktion (Wünsche, Bedürfnisse), eine Ich-Funktion (Handlungen, Entscheidungen, Kontaktzentrum zu Es und Persönlichkeit) und eine Persönlichkeits-Funktion (Muster für Handlungsprozesse, Assimilation von Erfahrungen) unterscheiden, wobei das Ich als aktionales, reflektierendes und entscheidendes Zentrum verstanden werden muss (vgl. Macha 1989, Stern 1994, Macha 1996 u. a.) Seine Persönlichkeit entwickelt der Mensch auf der Basis der drei anthropologischen Strukturfaktoren (Erbanlagen, Umwelteinflüsse, bewusste/unbewusste Selbststeuerungskräfte) sowie durch drei Formen der Kommunikation (seine selbstinitiierten kommunikativen Handlungen, die von ihm konstruierten Wahrnehmungen und Eindrücke von außen und sein selbstreferentieller innerer Dialog mit sich selbst). Wie das Selbst in der Persönlichkeit des Menschen wirkt, hat Stierlin (1994: 93 ff.) in 6 Aspekten beschrieben:

1. Das Selbst verbürgt die Identität des Menschen.

2. Es konstituiert durch „Erzählungen" die Biographie des Menschen.

3. Es nimmt Einfluss darauf, wie der Mensch erlebt, entscheidet, auswählt und sich motiviert.

4. Es bildet so etwas wie ein „inneres Parlament" für die Sub-Selbste.

5. Es macht dem Menschen sein Unbewusstes als Ressource verfügbar.

6. Es stellt die Beziehung zum Tiefenselbst der Selbstachtung, des Selbstwerts, des Lebenssinns und des Lebenswillens beim Menschen her.

Das Interesse der Menschen, sich selbst zu verwirklichen, indem sie mehr über sich erfahren, ist in den letzten 3 Jahrzehnten unaufhaltsam gestiegen. Die Kursangebote der Erwachsenenbildungs-Institutionen legen dafür ein beredtes Zeugnis ab. Die Gründe dafür mögen vielfältiger und höchst persönlicher Art sein; sie hängen zweifellos aber auch mit den gegenwärtigen gesellschaftlichen Lebensverhältnissen zusammen. Zu denken ist hier daran, dass

„der Mensch sich immer weniger als einzigartige und ganzheitliche Person mit freier Selbstbestimmung über sein Leben, sondern immer mehr als beliebig austauschbarer Funktionsträger im undurchschaubaren Produktionssystem, als Marionette von Werbung und Freizeitindustrie, als bloß numerische Größe in einer anonymen und beziehungslosen Masse" erlebt (Wolf 1997: 14).

Daraus erwächst sein Grundbedürfnis zu fragen,

> „was er eigentlich in seinem Innersten will, was er erleben oder tun, wie er als Mensch in seiner Einmaligkeit von allen anderen unterschieden sein will" (a.a.O.: 14 f.).

Des Weiteren fördert diese gesellschaftliche Erfahrung sein

> „spontanes Verlangen nach Erweiterung des Selbst, nach Realisierung brachliegender Fähigkeiten, nach Entdeckung und Aktivierung latenter Möglichkeiten, kurz, nach einem ganzheitlichen Leben" (a.a.O.: 15).

Das Streben nach Selbstverwirklichung, danach mehr über sich zu erfahren und mit sich selbst besser umgehen zu können, ist insofern als Versuch des heutigen Menschen zu sehen, sich selbst zu vervollkommnen, ist ein personaler Akt.

Wenn es um Wissensbestandteile bei der Selbstverwirklichung geht, die reflexiv zugänglich und willentlich veränderbar sind, gewinnen Selbstreflexion und Selbstevaluation besondere Bedeutung. Bei der Selbstreflexion geht es um das Nach-Denken über das eigene Verhalten und Handeln, die eigenen Einstellungen, Überzeugungen und Motivationen, um auf diese Weise ein besseres Verständnis des eigenen Selbst, eine bewusstere Selbstwahrnehmung und ein zutreffenderes Bild der eigenen Lebensumgebung zu erhalten. Selbstreflexion ist nicht dasselbe wie Selbsterfahrung. Vielmehr werden bei der Selbstreflexion die eigenen Erfahrungen mit Theorien zur Interaktion, zur Kommunikation, zur Selbstentwicklung und zum Lernen konfrontiert, dadurch strukturiert, aussagbar und intersubjektiv verstehbar gemacht.

> „Dabei kristallisieren sich zwei (dialektische) Prozesse heraus:
> Ein Prozess der Selbsterkenntnis, in dem das Subjekt Aspekte seiner Subjektivität im Allgemeinen wieder erkennt und aus dieser Erkenntnis heraus seine Geschichte und Gegenwart neu befragen kann;
> ein Prozess der Theoriebildung bzw. -aneignung, bei dem die Dignität der eigenen Erfahrung und ihrer Deutung (bei aller Modifizierbarkeit) nicht verloren geht. Die wissenschaftliche Theorie bleibt nicht fremd, sondern kann als ,Theorie für mich' begriffen werden – mit einer erhöhten Chance auf Adaptierung und praktische Umsetzung" (Hierdeis 1999: 163).

Bei der Selbstevaluation kommt ein weiterer Aspekt hinzu. Da Evaluation (d.h. die Ermittlung der Geltung/des Werts/der Qualität eines Gegenstandsbereichs/Sachverhalts) die systematische Sammlung, Analyse und Bewertung einschließt, braucht Selbstevaluation eine mitlaufende Verobjektivierung aller vom Selbst beigetragenen Daten und Informationen. Insofern kann man die Selbstevaluation definieren als „die von außen nachprüfbare selber vorgenommene Dokumentation wesentlicher Planungen, Prozesse und Ergebnisse der eigenen Arbeit" (Belardi 2000: 23).

2. Wissensmanagement zum Zwecke persönlichen Wachstums

Das Forschungsteam um die Augsburger Erziehungswissenschaftlerin H. Macha hat ein Modell von Wissensmanagement erarbeitet, das zwar für den betrieblichen Nutzerbereich konzipiert wurde (Das WTB „The Traveller's Progress"), aber für die Erwachsenenbildung insgesamt einsetzbar ist (Macha 2001). Das Augsburger Modell ist als multimediales web-based-training gestaltet und zielt auf die Bildung derer ab, die damit arbeiten. H. Macha expliziert das:

> „Bildung ist aber nicht nur ein Lernvorgang, sondern hat immer ein qualitatives Wachstum des Ichs oder der Persönlichkeit zur Folge. Durch Lern- und Bildungsinhalte werden Erkenntnisse und neue Handlungsmöglichkeiten erworben und neue Erfahrungen können gemacht werden. Alle diese Prozesse des Lernens, der Bildung und des Transfers zum Handeln erweitern das Ich der Menschen hinsichtlich des Erwerbs von Kompetenzen" (Macha 2001: 6).

Soft skills zur Erweiterung der Persönlichkeitspotenziale, der Selbstbilder und der Fähigkeiten werden hier angestrebt, und dazu bedarf es – erstens – einer genauen Diagnose der individuellen Lernstile der Beteiligten und – zweitens – eines darauf abgestimmten Angebots selbstständigen Lernens. Multimediales Lernen hat bei solchem Managen von Persönlichkeitswissen besondere Möglichkeiten: Es wahrt die Anonymität, es enthält keine Konkurrenzsituationen, es erlaubt ein variables Zeitmanagement, es passt sich der Lerngeschwindigkeit des Lernenden an, es macht Vor- und Zurückschalten im Programm möglich, es kann die Forderung nach Methodenvariation und Transferbeispielen leicht erfüllen und es ist für die Selbstevaluation geeignet.

Das Modell von H. Macha und ihrem Team baut auf systemtheoretischen, kognitivistisch-konstruktivistischen und lernpsychologisch/neurodidaktischen Grundlagen auf. Gerade die letztgenannten sind für die Programmkonstruktion besonders bedeutsam. Diesen Theoriekonzepten entnimmt das Modell die Grundannahme, dass persönliches Wachstum nur gelingen kann, wenn der Lernende aktiv und selbstgesteuert als autopoietisches System lernen kann und bei der angebotenen Lernumgebung Emotion, Kognition und Sinn stets vernetzt sind. Dabei muss eine Individualisierung je nach dem Lerntyp des Lernenden erfolgen. Denn Bildung (als Konstruktion von Welt und Ich) ist im letzten immer Selbstbildung. Für erfolgreiches bildendes Lernen ist deshalb die Viabilität des Lernangebots die zentrale Kategorie.

> „Nur wenn der angebotene Stoff didaktisch so aufbereitet ist, dass Lernende ein emotional begründetes Interesse formulieren können und wenn zusätzlich Neugier und Spannung in Bezug auf den Stoff aus den eigenen Erfahrungen heraus erwachsen kann sowie ‚Anker', das heißt Bezugspunkte aus dem eigenen Leben gefunden wer-

den, an die der Stoff ‚angedockt' werden kann, so dass er nicht als vollkommen fremd erscheint, wird Viabilität möglich: Neues kann in die bestehenden Deutungsmuster integriert und später ins Handeln überführt werden" (a.a.O.: 7).

Dies wird in dem E-Learning-Programm des Forschungsteams Macha durch ein selbstgesteuertes web-based Training in Verbindung mit individueller Betreuung durch Telecoaches und mit gemeinsamen Workshops zu realisieren versucht. E-Learning bietet hier ganz neue didaktische Möglichkeiten: Es erlaubt,

erstens eine narrative, fiktive Lernlandschaft mit Elementen von Abenteuer und Risiko und mit Aufgabenstellungen zu persönlichen Einstellungen, Entscheidungspraktiken und Handlungsweisen zu konstruieren (z.b. als medial umgesetzte Dschungeldurchquerung, bei der der Teilnehmer für sich und für die anderen Mitglieder der Abenteurergruppe bestimmte, teilweise riskante Entscheidungen treffen muss);

zweitens ermöglicht E-Learning es, dass der Telecoach dem einzelnen Teilnehmer ein individuelles Feed-back über seine Entscheidungen und Handlungen geben kann;

drittens können die Persönlichkeitsentwicklung und der Fortschritt in bestimmten Zeitabständen erfasst werden und dem Teilnehmer wie dem Telecoach als Gesprächsgrundlage dienen.

Das web-based Modell des Wissensmanagement zur Entdeckung, Analyse und Weiterentwicklung spezifischer Potenziale bei Erwachsenen, das H. Macha erarbeitet hat, baut sich aus folgenden Schritten auf:

1. Schritt: Potenzialanalyse in Präsenzphasen

2. Schritt: Selbstwahrnehmung und Sensibilisierung für die eigenen Potenziale, Entfaltung in Bezug auf das eigene Handeln

3. Schritt: Kompetenzerweiterung auf der kognitiven Lernebene

4. Schritt: Veränderung von Einstellungen auf der emotional-volitiven Lernebene in langfristiger Zeitperspektive

5. Schritt: Selbst- und Fremdevaluation: Was wurde gelernt?

6. Schritt: Festigung und Überprüfung des Gelernten in Präsenzphasen.

Das Projekt beginnt (1. Schritt) mit einem freiwillig und anonymisiert durchgeführten standardisierten Persönlichkeitstest, der eine individuelle Persönlichkeitsanalyse (Stärken-Analyse) und ein Lernstil-Profil für jeden einzelnen Teilnehmer erbringt. Die Lernstil-Diagnose dient der Stellung individuell abgestimmter Aufgaben und Lernsituationen, die Werte aus den Persönlichkeitsdimensionen (z.B. Führungsqualitäten) bilden den Ausgangswert, mit dem alle späteren Wissens- und Verhaltens-Werte verglichen werden, damit Fortschritte festgestellt werden können. Die Auswertung des Persönlichkeitstests erfolgt im Einzelgespräch mit dem Coach/Tutor. Dabei kommen die individuellen Erfahrungen und die Deutungsmuster der einzelnen Teilnehmer zur Sprache, was zu deren Selbsteinschätzung führt. Ressourcen in den herauszubildenden Bereichen können in Gruppenarbeiten erkennbar gemacht werden. Ferner wird die Konzeption des E-Learning-Programmes erklärt. Diese Phase ist eine Präsenzphase, bei der mit Einzelgesprächen und Workshops gearbeitet wird (Differenzierung nach Lernstilen).

Danach setzt die Arbeit mit dem Programm ein (2. Schritt). Jeder Teilnehmer bewegt sich als Akteur durch eine Landschaft, wobei ihm immer wieder neue Abenteuer begegnen, die er für sich selbst und als Führer für seine Begleiter bestehen muss. Die visuellen und metaphorischen Elemente dieser Abenteuergeschichte veranlassen ihn zu einem ganzheitlichen Erfassen von Situationen (mit Kopf, Herz und Hand) und zur Nutzung vieler Wahrnehmungskanäle; sie fordern ihn auch emotional heraus. Die Probleme, die er im Laufe der Geschichte lösen muss, haben hohe spielerische Anteile (Ganzheitlichkeit, Emotion-Kognition-Aktion, Neugier, Spiel, Motivation). Die Lösungen, die der Proband praktiziert, werden mit dem Telecoach besprochen. Dadurch verbessert sich die Selbstwahrnehmung und präzisiert sich die Selbsteinschätzung des Teilnehmers. Die Metaphorik (Abenteuergeschichte) und das Spielerische verhindern, dass die thematisierte Verhaltensdimension allzu leicht durch Kognitionen überlagert wird und dadurch an Ursprünglichkeit und Unmittelbarkeit verliert.

Der dritte Schritt des Programms bringt für die Teilnehmer eine Erweiterung ihres Wissens über die in Frage stehende Verhaltensdimension. Zu der veranschaulichten Lerngeschichte und aus ihr heraus werden durch Hyperlink ergänzende wissenschaftliche Textinformationen, Glossars u.a. als „gesteuertes Wissen" in anschaulicher Aufbereitung angeboten. Soll das Führungsverhalten erfahren und verbessert werden, geht es beispielsweise um Führungsstile, Beobachtungs- und Wahrnehmungsprobleme, Unterschiede zwischen Selbst- und Fremdwahrnehmung usw. (brain-based-learning, Nutzung beider Gehirnhälften beim Lernen). Auch hierbei steht der Telecoach unterstützend zur Seite.

Daran schließt sich im Programm der Transfer auf reale Verwendungssituationen an (4. Schritt). Diese werden wirklichkeitsnah und so konkret wie möglich präsentiert. Der Teilnehmer muss nun das, was er über sein Verhalten (im trainierten Bereich) und über die verarbeiteten Basisinformationen dazu gelernt hat, in selbst gesteuerten Übungen praktizieren. Im „Schonraum" der Übung kann er neue Verhaltenspotenziale aktivieren und erproben. Beim Beispiel „Führungsverhalten" könnten solche situationsbezogenen Anwendungen sein:

Zusammensetzung von Gruppen, Einschätzung der Stärken einzelner Gruppenmitglieder, Lösung eines Konflikts usw. Der Telecoach gibt ihm stets Rückmeldung, so dass er seine Entscheidung noch einmal überdenken und ggf. modifizieren kann. Auf diese Weise entwickelt der einzelne Teilnehmer seine Potenziale weiter.

Aus dem mitlaufenden Feedback, das der Telecoach permanent gegeben hat, das in einer individuellen Datenbank beiden zur Verfügung steht und das jederzeit den Vergleich mit den Ergebnissen des Eingangstests erlaubt, wird nach Durchlaufen des Programms (5. Schritt) eine zusammenfassende Auswertung über die individuelle Potenzialerweiterung formuliert. Dabei wirken der Teilnehmer (Selbstevaluation) und der Telecoach (Fremdevaluation) zusammen.

Das Wissensmanagement zum Persönlichkeits- oder Selbstwissen endet (6. Phase) mit einem Workshop zur Ergebnissicherung. Diese erfolgt auf zweierlei Weise: zum einen durch Austausch der gemachten Selbsterfahrungen und zum anderen durch verhaltensbezogene Rollenspiele. Letzteres könnte durch Supervision noch eine Zeitlang begleitet werden. Die Teilnehmer können aber auch ein Netzwerk zur weiteren gegenseitigen Unterstützung (als so genannte „kritische Freunde") bilden (nach Macha 2002).

Übungsaufgabe 11:

Selbstreflexion und Selbstevaluation sind Teilprozesse des Wissensmanagement im „Augsburger Modell". In welchen Schritten geht die Potenzialanalyse vor?

3.2.3 Modell 3: Fachwissen managen

Wissensmanagement in der Schule

Die Schule als eine organisierte Institution der Gesellschaft bietet Möglichkeiten des Wissensmanagement sowohl im organisationalen als auch im persönlichen wie auch im fachwissenschaftlichen Bereich. Im Folgenden soll exemplarisch das Wissen im Sinne von Fachwissen und wiederum eingeschränkt auf das Management von Fachwissen durch die Schülerinnen und Schüler im Fokus der Betrachtung stehen.

1. Fachwissen als Bestandteil des Schulwissens

Unter „Schulwissen" versteht man die Eingrenzung alles Wissbaren und allen menschlichen Vermögens auf das, was zu einer bestimmten Zeit in einer bestimmten Gesellschaft für so wissenswert erachtet wird, dass die nachwachsende Generation es erwerben soll. Die Wissensproduktion in den Wissenschaften veranlasst zwar die Schule (besser: die Bildungspolitik) zur permanenten Revision ihrer Lehrgüter in den Lehrplänen; jedoch ist und bleibt das in den Schulfächern behandelte Wissenschaftswissen hinsichtlich seiner Struktur, seiner Funktion und seinen Gliederungsprinzipien stets von diesem unterschieden. Schulunterricht ist nicht zu verwechseln mit der Weitergabe von Wissenschaftswissen!

Schulwissen muss – wie die folgende Grafik zeigt – noch weiter differenziert werden, nämlich

(1) nach verschiedenen Wissensarten,

(2) nach den „Trägern" des zu vermittelnden Wissens und

(3) nach dem Zustandekommen des Lernens auf Seiten des Schülers.

Wie mit Hilfe des Quaders veranschaulicht werden soll, gibt es viele Kombinationsmöglichkeiten in schulischen Lernsituationen, bei denen es um Wissen geht.

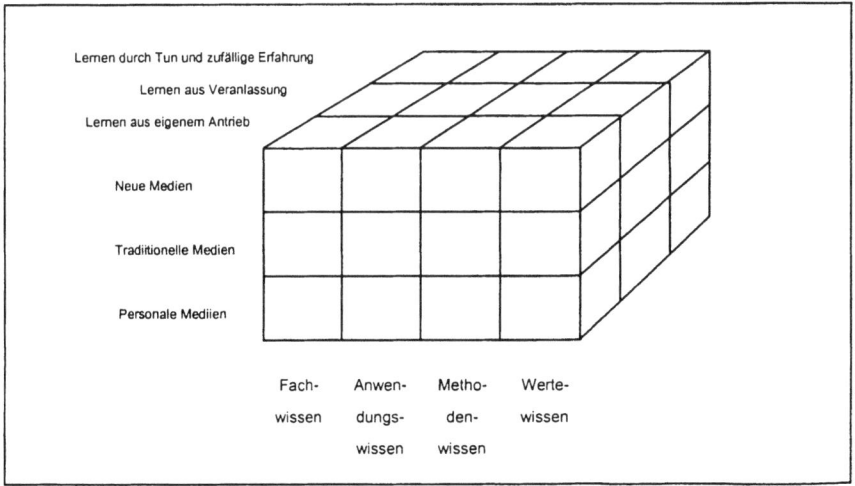

Doch ist es damit noch nicht genug. Zu jeder der vier Wissensarten, die in der Schule angestrebt werden (Fachwissen, Anwendungswissen, Methodenwissen, Wertewissen), müssen weitere Differenzierungen angebracht werden. Bereits in den 50er Jahren des letzten Jahrhunderts wurden diese von der Arbeitsgruppe um den amerikanischen Bildungsforscher B. S. Bloom erarbeitet (Bloom 1956). Diese hatte nämlich die Aufgabe zu erledigen, an Colleges und Universitäten Prüfungen abzunehmen, auszuwerten und zu vergleichen. Dafür benötigten sie ein Instrumentarium, um kognitive Lernziele voneinander abzugrenzen. Sie gingen von Lehr- und Lernzielen aus, die in den Schulen angestrebt wurden, und versuchten, diese aus Lehrplänen, praktischen Unterrichtsbeobachtungen und Lehrbüchern gewonnenen Ziele in operationalisierter Form in eine logische Ordnung zu bringen („Taxonomy of Educational Ojectives"). Bei den Wissenszielen des Schulunterrichts unterschieden sie sechs hierarchische Anspruchsniveaus, die sie als „Wissen und Kennen" (Stufe 1) und als „Intellektuelle Fähigkeiten und Fertigkeiten" (Stufen 2-6: Verstehen, Anwendung, Analyse, Synthese, Bewertung/Beurteilung) zusammenfassten.

Im Einzelnen differenzierten sie wie folgt:

„1.00 Knowledge

1.10 Knowledge of Specifics

1.10 Kowledge of Terminology

1.20 Knowledge of Specific Facts

1.20 Knowledge of Ways and Means of Dealing with Specifics

1.21 Knowledge of Conventions

1.22 Knowledge of Trendsand Sequences

1.23 Knowledge of Classifications and Categories

1.24 Knowledge of Criteria

1.25 Knowledge of Methodology

1.30 Knowledge of the Universals and Abstractions on a Field

1.31 Knowledge of Principles and Generalizations

1.32 Knowledge of Theories and Structures

2.00 Comprehension

2.10 Translation

2.20 Interpretation

2.30 Extrapolation

3.00 Application

4.00 Analysis

4.10 Analysis of Elements

4.20 Analysis of Relationships

4.30 Analysis of Organizational Principles

5.00 Synthesis

5.10 Production of a Unique Communication

5.20 Production of a Plan for Proposed Set of Operations

5.30 Derivation of a Set of Abstract Relations

6.00 Evaluation

6.10 Judgement in Terms of Internal Evidence

6.20 Judgement in Terms of External Criteria" (Bloom 1956: 59 f.).

In der deutschen Schulpädagogik hat sich daraus eine Unterscheidung von Wissenszielen folgender Art ergeben:

• Wiedergabe von bloßem Faktenwissen

• Nachweis, das Gelernte verstanden zu haben und anwenden zu können

• Erweis der Fähigkeit zu wissen, wie man Analysen und Synthesen herstellt

• Nachweis, auf der Grundlage von Wissen Bewertungen und Beurteilungen aussprechen zu können.

Ist hier von Fachwissen die Rede, dann im Sinne des von F. Weinert (s.o.) so genannten „intelligenten Wissen", das als verfügbares Wissen zwar in bestimmten Unterrichtsfächern erworben wird, aber von dort auch flexibel auf andere Anwendungsbereiche transferiert werden kann. Es soll also als Gegenbegriff zum so genannten „trägen Wissen" verstanden werden.

2. Fachwissen managen

Zum Standortfaktor „Bildung" gehört maßgeblich (wenn auch natürlich nicht ausschließlich) auch ein hohes Maß an Wissen, das verfügbar ist. Dieses Wissen wird in der Schule zentral im Unterricht durch persönliche Interaktionen zwischen Lehrern und Schülern sowie Schülern und Schülern erworben. Ergänzend dazu präsentieren im Unterricht und vor allem außerhalb des Unterrichts Multimedia-Technologien Füllen von Daten und Informationen, aus denen Schülerinnen und Schüler Wissen erwerben sollen bzw. können. Gerade bei der Nutzung des Internet ist Wissensmanagement als Kernkompetenz zu betrachten, will der Schüler der Informationsflut nicht orientierungslos und unkontrolliert gegenüberstehen. Eine Wissensökologie ist vonnöten, damit aus Daten und Informationen ein überschaubarer Lerninhalt ausgewählt, daraus Wissen strukturiert und aufgebaut, vorgehalten und aktualisiert werden kann. Denn in Zeiten von Multimedia, Internet und Intranet können Schüler selbstaktiv für sich allein, interaktiv mit dem Lehrer und der eigenen Klasse, aber auch mit Mitschülern anderer Klassen und Jahrgänge oder anderer Schulen im In- und Ausland interagieren, sie können virtuelle Bibliotheken, Museen und Archive nutzen, und sie haben einen schnellen Zugriff auf Informationen über Menschen, Kulturen und Gesellschaften global. Diese Lernwelten sind für sie jederzeit und von überall her abrufbar sowie leicht zugänglich.

Unter Berücksichtigung solcher Lernumgebungen durchläuft der Prozess des Wissensmanagements in der Schule die folgenden Phasen:

1. Schritt: Wissensziele festlegen

Die Wissensziele müssen so konkret und spezifisch wie möglich festgelegt werden. Da Wissen auf verschiedenen Ebenen (s. o.) angestrebt werden kann, bedarf es einer genauen Angabe, auf welchem „Anspruchsniveau" das jeweilige Fachwissen erwartet wird. Zielorientierung und Zielverständigung sind dabei erforderlich. In der Schule geht die Zielorientierung beim pflichtmäßig zu unterrichtenden Lernstoff in der Regel vom Lehrer aus. Er stellt im Blick auf die Klasse Überlegungen zur Auswahl, Formulierung und Prioritätensetzung geeigneter Ziele für den Unterricht an und macht sie dadurch steuerbar und evaluierbar. Zielorientierung des Lernens ist sein Anliegen. Durch Zielanalyse und Unterrichtsartikulation sucht er die Vermittlung des Unterrichtsthemas zu steuern und zu kontrollieren. Anders die Schüler. Ihnen liegt an der Zielverständigung. Sie wollen sich auf der kommunikativen Beziehungsebene zum einen rückversichern, ob sie das Unterrichtsthema als Aufgabe und Problem richtig erfasst haben, zum anderen wollen sie sich persönlich mit ihren Kenntnissen und Interessen in die Zielentscheidung einbringen (Keck 1983).

2. Schritt: Wissen planen

In dieser Phase muss jeder Schüler/jede Schülerin sich zunächst des eigenen Vorwissens über das in Frage stehende neue Fachwissen vergewissern (Wissen identifizieren) und Assoziationen dazu herstellen (eigene Vorprüfung des vorhandenen Wissens, eigene Fragen an das neu zu erwerbende Wissensgebiet stellen). Daraus entsteht ein Überblick über Art und Umfang des eigenen Wissensbedarfs. Ferner muss jeder einzelnen Lernende sich seine eigene Lernweise angesichts dieses Lernstoffs/Lernbereichs bewusst machen (Lerntyp, Lernstile) und daraus Folgerungen für das weitere Vorgehen ableiten. Denn daraufhin muss die eigene Zielplanung und Zeitplanung vorgenommen werden.

3. Schritt: Wissen erwerben

Beim dritten Schritt geht es um die richtige Auswahl und Nutzung von personalen oder technischen Wissensquellen sowie um die Entscheidung, ob der Schüler dabei erfolgreicher und sachadäquater allein oder im Austausch mit anderen Personen (Mitschüler, Lehrer, Schüler anderer Jahrgangsstufen) lernt.

Um neues Wissen erwerben zu können, muss der Schüler über das technische Know-how im Umgang mit multimedialen Lernumgebungen oder auch anderen Datenquellen verfügen, er muss ferner die erforderlichen Lern- und Arbeitstechniken beherrschen (z.B. systematisches Lesen, Texte/Informationen zusammenfassen, Diagramme/Tabellen auswerten, Problemlösungsprozesse strukturieren usw.) und beim Arbeiten mittels „learning communities" in Kommunikation und Kooperation kompetent sein. Um sich in der Daten- und Informationsmenge nicht zu „verlieren", muss der Schüler vor allem über Kriterien und Strategien zur Auswahl von relevanten und zielführenden Wissensbestandteilen verfügen. Beim Fachwissen können Sondierungskriterien aus dem Bloommschen Systems gewonnen werden. Sondiert werden könnte nach:

• Definitionen zu den Leitbegriffen

• Abgrenzung von Oberbegriffen und zugeordneten Begriffen

• Darstellung und Erklärung von Fakten zum Thema

• Ermittlung der konkreten Verwendbarkeit des Faktenwissens

• Zeitgeschichtlicher und geographischer Bezug der Wissensbestandteile

• Feststellung der Methoden, mit denen das Wissen erworben wurde

• Berücksichtigung von Hintergrundtheorien für das Wissen.

Bei Nutzung multimedialer Lernumgebungen erscheint es unabdingbar, mit den Schülern das Navigieren im Datennetz und die spezifischen Umgangsweisen mit Informationen einzuüben, damit sie die gesuchten Informationen schnellstmöglich bekommen und verarbeiten können.

4. Schritt: Wissen entwickeln

Aus den zielgerichtet gewonnenen Daten muss der Schüler in diesem Schritt neues Wissen entstehen lassen. Dies geschieht dadurch, dass er die neuen Wissensbestandteile in das System seines bisherigen Wissens integriert. Entscheidend für das Gelingen dieses Prozesses ist es, ob die aufzunehmenden Informationen von ihm verstanden sind und ob sich aus ihnen Anknüpfungspunkte an seine bislang erworbene kognitive Struktur ergeben. Ist diese Voraussetzung nicht gegeben, muss Schritt 3 wiederholt werden. Zu beachten ist auch, dass die kognitive Entwicklung des Menschen in hierarchisch aufbauenden Strukturphasen verläuft (vgl. J. Piaget), die unumkehrbar sind und die die Verstehensmöglichkeiten des Menschen entwicklungsbedingt einschränken könnten. Deshalb ist bereits bei der Aufgabenstellung das Problem der kognitiven Überforderung oder Unterforderung der Schüler zu bedenken.

Die Entwicklung neuen Wissens ist ein individueller Vorgang, was allerdings nicht ausschließt, dass er durch den Austausch mit anderen Lernenden erleichtert wird. Dies ist allerdings nur dort der Fall, wo der Schüler ein eher kommunikativer Lerntyp ist.

5. Schritt: Wissen sichern

Erworbenes Wissen hat nur dauerhaften Bestand, wenn es vor dem Vergessen abgesichert wird. Neues Wissen gewonnen zu haben, reicht für den Schüler nicht aus. Er muss vielmehr genau überlegen, auf welche Weise er das Wissen bewahren kann. Dazu stehen ihm eine Fülle von Strategien zur Verfügung: Auswendiglernen mit Gedächtnishilfen, besondere Strukturierung des Wissensstoffes, systematisches Memorieren, Anlegen von Gedächtnislandkarten, Ablegen im Computer usw. Auch hier muss der einzelne Schüler die für ihn am besten geeignete Methode herausfinden und praktizieren. Sie muss dazu geeignet sein, im Bedarfsfall das Wissen schnellstmöglich präsent zu haben.

6. Schritt: Wissen präsentieren

Wissen als subjektiver Bestandteil persönlicher Bildung ist zwar das Ziel des Schulunterrichts, es muss aber auch dargestellt und anderen mitgeteilt werden können. Außerdem unterstützt die Dokumentation und Präsentation von Wissen den Verstehens- und Behaltenseffekt des einzelnen und schafft Wissensnetzwerke, die anderen nützen können. Die Präsentationsmöglichkeiten sind vielfältiger Art: Sie beginnen mit traditionellen Formen der mündlichen oder schriftlichen Darlegung, gehen über medial arrangierte und interaktiv gestaltete Visualisierungen bis hin zum Wissensaustausch im Intranet der Schule oder im Internet. Gerade durch die Schaffung von Wissensnetzwerken kann es zu einer Wissensmultiplikation in der Schule und für den Schüler kommen, von der alle Seiten profitieren. Darüber hinaus wird dadurch die Gründung von Best-Practice-Teams angeregt.

Übungsaufgabe 12:

Welche Bedeutung haben Lernumgebungen für das Managen schulischen Wissens?

3.3   Schluss

Modelltypisch sind drei verschiedene Zugänge zum Wissensmanagement dargestellt worden, das Wissensmanagement im Betrieb oder Unternehmen, das Wissenmanagement bei persönlichkeitszentrierten Kursangeboten der Erwachsenenbildung sowie das Wissensmanagement beim Erwerb von Fachwissen in der Schule. Die ausgeführten Beispiele sind Reduktionen. Anteile des organisationalen, des personalen und des fachinhaltlichen Wissens finden sich in allen Bereichen auf komplexe Weise verbunden. Das macht den Prozess des Wissensmanagement naturgemäß komplizierter und differenzierter. Aus Demonstrationsgründen wurde darauf verzichtet, dies bei jedem der drei Beispiele zu explizieren. Die modelltypische Vorgehensweise brachte noch ein weiteres Problem mit sich. Sie konzentrierte sich nur auf spezifische Wissensformen und ließ andere beiseite. Ebenso wie es an der Schule nicht nur Fachwissen sondern auch noch Anwendungswissen, Methodenwissen und Wertewissen zu „managen" gäbe, lassen sich Betrieb oder Erwachsenenbildung auch nicht auf das ausgewählte „Wissen" reduzieren. Für die hier nicht thematisierten Wissensformen ergäben sich allerdings notwendige Modifikationen beim jeweiligen Modell. Diese Präzisierungen würden aber den Rahmen des Beitrags sprengen und sind einer größeren Publikation vorbehalten.

Literatur

Baecker, D. (1999): Organisation als System. Frankfurt/M.

Belardi, N. (2000): Praxisbericht. Selbstevaluation als Lernprozess. In: Sozialmagazin 6/2000: 23–25

Bloom, B.S. et al. (ed) (1956): Taxonomy of Educational Objectives. Handbook I. Cognitive Domain. New York (dtsch.: Bloom, B.S. u.a. (Hg.): Taxonomie von Lernzielen im kognitiven Bereich. Weinheim 1973 (2. Aufl.)

Deutscher Ausschuss für das Erziehungs- und Bildungswesen (Hg.) (1966): Zur Situation und Aufgabe der deutschen Erwachsenenbildung. In: Empfehlungen und Gutachten des Deutschen Ausschusses für das Erziehungs- und Bildungssystem 1953 – 1965. (Gesamtausgabe). Stuttgart: 857–928

Dohmen, G. (1998) Zur Zukunft der Weiterbildung in Europa. Lebenslanges Lernen für Alle in veränderten Lernumwelten. Bonn

Glötzl, H. (2001): Prinzipien effektiven Unterrichts. Bd. 1 und 2. Stuttgart

Heinze, Th. (2001): KulturManagement. Eine Einführung. Hagen

Höfling, S./Mandl, H. (Hg.) (1997): Lernen für die Zukunft – Lernen in der Zukunft. München

Keck, R. W. (1983): Unterricht gliedern – zielorientiert Lehren. Bad Heilbrunn

Klix, F./Spada, H. (Hg.) (1998): Wissen (Enzyklopädie der Psychologie: C, II, Kognition, Bd. 6) Göttingen

Kubicek, H. u. a. (Hg.) (1999): Multimedia Verwaltung. Heidelberg

Macha, H. (1996): Die Fortschreibung des personalen Menschenbildes durch die systemische Erziehungstheorie. In: Macha, H./Solzbacher, C.: Zur Aktualität des personalen Menschenbildes. Frankfurt/M.: 74–96

Macha, H. (2001): E-Learning-Programm für Führungskräfte der Wirtschaft „The Traveller's Progress" (Manuskript)

Macha, H.(2001): Lernstile diagnostizieren und indivduelle Potenziale fördern. In: Hohenstein,/Wilbers (Hg.): Handbuch E-Learning. Grundwerk. Weinheim, Kap. 4

Macha, H. (1999): Pädagogisch-anthropologische Theorie des Ich. Bad Heilbrunn

Mandl, H./Gerstenmeier, J. (Hg.) (2000): Die Kluft zwischen Wissen und Handeln. Göttingen

Markowitsch, H. J.(1997): Neuropsychologie des menschlichen Gedächtnisses. In: Spektrum der Wirtschaft 4/1997: 24–33

Nipkow, K.-E. (1994): Lebensbegleitende Bildung. Zur biographischen Wende in der Erwachsenenbildung im Überschneidungsbereich von Pädagogik, Anthropologie und Theologie. In: Wiater, W. (Hg.): Erwachsenenbildung und Lebenslauf. München: 1–38

Probst, G./Raub, St./Romhardt, K. (1998): Wissen managen. Wie Unternehmen ihre wertvollste Ressource optimal nutzen. Frankfurt/M. (3. Aufl.)

Rademacher, F. J. (1999): Wissensmanagement: Herausforderung für Unternehmen. Ulm

Reinmann-Rothmeier, G./Mandl, H./Erlach, Ch./Neubauer, A. (2001): Wissensmanagement lernen. Weinheim

Reinmann-Rothmeier, G./Mandl, H. (2001): Virtuelle Seminare in Hochschule und Weiterbildung. Bern

Reinmann-Rothmeier, G. (2001): Wissen managen: Das Münchner Modell (Forschungsberichte LMU 131), München

Reiserer, M./Mandl, H. (2001): Individuelle Bedingungen lebensbegleitenden Lernens (Forschungsberichte LMU 136). München

Scheler, M. (1929): Die Formen des Wissens und die Bildung. Leipzig

Schreyögg, G. (1993): Normensysteme der Managementpraxis. In: Fuchs, M. (Hg.): Zur Theorie des Kulturmanagements. Remscheid

Senge, P. (1996): Die fünfte Disziplin. Stuttgart

Siebert, H. (1985): Lernen im Lebenslauf. Zur biographischen Orientierung in der Erwachsenenbildung. Frankfurt/M.

Staehle, W. (1994): Management. Eine verhaltenswissenschaftliche Perspektive. München (7. Aufl.)

Stammen, T.(2000): Eine, zwei oder viele Kulturen des Wissens? In: Stammen, T. (Hg.): Eine, zwei oder viele Kulturen des Wissens? Würzburg: 11-29

Stern, D. (1994): Die Lebenserfahrung des Säuglings. Stuttgart (4. Aufl.)

Stierlin, H. (1994): Ich und die anderen. Psychotherapien in einer sich wandelnden Gesellschaft. Stuttgart

Weber, E. (1999): Pädagogik, Bd. 1. T.3. Donauwörth

Wilkesmann, U. (1999): Lernen in Organisationen – Die Inszenierung von kollektiven Lernprozessen. Frankfurt/M.

Willke, H. (2001): Systemisches Wissensmanagement Stuttgart (2. Aufl.)

Winkler, K./Reinmann-Rothmeier, G./Mandl, L. (2000): Learning Communities und Wissensmanagement. (Forschungsberichte LMU 126). München

Wolf, A. (1997): Selbstverwirklichung: Zur Diskussion um Verständnis und Missverständnis einer anthropologischen Leitvorstellung. In: ibw-journal 1997: 11–20

II   Praxis des Kommunikationsmanagement

Da sich der folgende Beitrag zu „Kommunikation und Tourismus" (Leifeld) als ausgewähltes Praxisfeld des Kommunikationsmanagement auf die Luhmannsche Systemtheorie bezieht, sollen die Essentials dieser Theorie zunächst kurz referiert werden.

1   Die Theorie sozialer Systeme
Otto-F. Bode/Thomas Heinze

1.1   Vorbemerkung

Wenn man bei Luhmann eine gesellschaftstheoretische Grundthese charakterisieren will, dann ist dies die These von der funktionalen Ausdifferenzierung der (modernen) Gesellschaft (vgl. Heinze 2001: 104-115). Gemeint ist damit folgendes: Die soziale Evolution lässt sich in Analogie zur biologischen Evolution durch ein grundlegendes Prinzip charakterisieren, das der wachsenden Differenzierung der Gesellschaften – von der Einheitlichkeit zu immer stärkerer "Binnenstrukturierung". Im Bereich sozialer Evolution sind nun drei Ausdifferenzierungsmöglichkeiten zu unterscheiden, die sich nacheinander in der historischen Entwicklung als jeweils dominante durchgesetzt haben: Die segmentäre, die stratifikatorische und die funktionale Differenzierung, wobei die letzte ein Charakteristikum moderner Gesellschaften ist – sie ist nur in den westlichen Industriegesellschaften entwickelt worden und hat deren Entwicklung bestimmt.

Bei der segmentären Differenzierung besteht die Gesellschaft aus einzelnen, sich gegenseitig ausschließenden Segmenten wie etwa Familien, Sippen und Stämmen. Jedes Gesellschaftsmitglied gehört einem und nur einem Segment an und leitet seine soziale Identität aus dieser Zugehörigkeit ab.

Die stratifikatorische Differenzierung ergänzt die horizontale Gliederung der Segmente in vertikaler Richtung: Quer zu den Segmenten entstehen soziale Schichtungen, die für die gesamte Gesellschaft – also nicht nur für die einzelnen Segmente – eine soziale Hierarchie festlegen. Damit entstehen gesamtgesellschaftliche Herrschaftsstrukturen.

Bei der funktionalen Differenzierung schließlich entstehen weitgehend autonome Funktionalsysteme, die auf die Bearbeitung jeweils einer gesellschaftlichen Funktion spezialisiert sind. Im Gegensatz zu den Segmenten der frühen Stufen legen die Funktionalsysteme nicht den sozialen Ort der Individuen fest, sondern sie sind als abstrakte Handlungszusammenhänge aufzufassen, an denen jeder Gesellschaftsangehörige partizipiert – aktiv oder passiv. Am Wirtschaftssystem z.b. hat jedes Gesellschaftsmitglied Anteil entweder als Produzent oder als Konsument, am Gesundheitssystem entweder als Arzt oder als Patient, am Rechtssystem entweder als "Rechtskundiger" oder als Klient usf. Luhmann spricht hier von "Inklusion" aller Gesellschaftsmitglieder, über Rollen oder Komplementärrollen, und meint damit, dass jeder entweder als Rolleninhaber – Arzt, Produzent – oder als Komplementärrolleninhaber – Patient, Konsument am entsprechenden Funktionalsystem teilhaben kann.

Das grundlagentheoretisch Wichtige an der Differenzierungsthese ist die Charakterisierung der sozialen Funktionalsysteme als Kommunikationssysteme, die ausschließlich aus Kommunikationen zusammengesetzt sind. Innerhalb dieser Funktionalsysteme ist für Individuen kein Platz. Diese gehören zur Umwelt der sozialen Systeme und können deshalb die Eigendynamik der Funktionalsysteme wie der „Gesamtgesellschaft" höchstens sehr vermittelt beeinflussen. Luhmann geht in seinem Ansatz sogar soweit, dass er den Begriff des Menschen nicht mehr für eine systemische Einheit verwendet. Er spricht vielmehr von Bewusstseinen, wenn er die Gedankenssysteme meint, und von physischen Systemen, wenn er die biologische Einheit anspricht. Damit ist die Aufmerksamkeit auf die Definition des Begriffs System im Konzept Luhmanns gelenkt. Dieser soll zunächst geklärt werden, damit anschließend das Phänomen der funktionalen Differenzierung entsprechend erfasst werden kann.

1.2   Systembegriff und Autopoiese

Den zentralen Ansatzpunkt für die Definition des Begriffs System innerhalb der Theorie sozialer Systeme bildet die aus der Biologie stammende Beschreibung autopoietischer Systeme. Diese ist ihrerseits mit den Vorstellungen des (radikalen) Konstruktivismus untrennbar verbunden. Überblicksartig dargestellt besagt der radikale Konstruktivismus, dass Realität immer durch einen Beobachter (bzw. durch Beobachtung) wahrgenommen werden muss, der dann zwangsläufig in zweierlei Weise auf die Ergebnisse der Beobachtung einwirkt. Zum einen wählt der Beobachter ein Raster aus, das er seinen Beobachtungen zu Grunde legt, zum anderen muss er die Beobachtung auswerten (beispielsweise Lichtreize auf der Netzhaut zu Vorstellungen von Bildern werden zu lassen). Durch die beiden Einwirkungen wird Beobachtung unausweichlich zu einem vom Beobachter abhängigen Ereignis. Deshalb vertritt der radikale Konstruktivismus die Ansicht, eine Entdeckung von Wirklichkeit könne es nicht geben, vielmehr werde Realität durch den Beobachter je neu erfunden (konstruiert). Die konsequente Folgerung, die der radikale Konstruktivismus hieraus zieht, lautet entsprechend, dass es keiner Theorie über Realität bedarf, notwendig sei vielmehr eine Theorie des Beobachters (bzw. eine Theorie der Beobachtung).

Diese Forderung nimmt das Autopoiesekonzept, das auf Arbeiten der Biologen Maturana und Varela zurückgeht, auf. Das Ziel dieser ursprünglich biologischen Theorie ist es, die Eigenheiten lebender Systeme zu beschreiben. Das Neue am Vorgehen Maturanas und Varelas zeigt sich dabei darin, dass sie nicht fragen, was Leben ist, sondern der Fragestellung nachgehen, wie Leben operiert. Ihre Antwort auf diese grundlegende Frage lautet, lebende Systeme reproduzieren sich aus den eigenen Bestandteilen dadurch, dass sie (solange sie leben) neue Bestandteile aus den alten „erschaffen", wobei von außen Energie in den fortlaufenden Reproduktionsprozess zugeführt wird. Der Stoffwechsel biologischer Systeme, in dem Nahrung in Zellen umgewandelt wird, beschreibt dann diesen Reproduktionsprozess und somit auch das grundlegende Prinzip autopoietischer Reproduktion.

Nach dieser Sichtweise operieren autopoietische Systeme immer selbstreferenziell, d. h., auf sich selbst bezogen, da sie die Inputs (wie beispielsweise Nahrung) intern in die bestehende (Zell-) Struktur integrieren und damit notwendigerweise in Systemelemente umwandeln müssen. Im Vollzug der Autopoiese, so kann entsprechend der Vorstellungen des radikalen Konstruktivismus beobachtet werden, erschaffen sich autopoietische Systeme ihre eigenen Realitäten.

Dass derartige Realitäten sehr unterschiedlich ausfallen können, lässt sich unter anderem daran veranschaulichen, dass Inputs (beispielsweise Nahrungsmittel), die Mitglieder einer Gattung töten, von Angehörigen einer anderer Gattung als Delikatesse angesehen werden. Und auch innerhalb derselben Art reagieren verschiedene individuelle Lebewesen sehr unterschiedlich auf gleichartige Inputs, was sich in Allergien gegenüber bestimmten Außeneinflüssen ebenso ausdrücken kann wie in Immunität gegenüber anderen Einflussfaktoren wie Krankheitserregern.

Betrachtet man den Prozess der autopoietischen Reproduktion genauer, so werden vier Eigenschaften autopoietischer Systeme deutlich:

* Sie besitzen eine systemische Einheit, die sich auf der Basis ihres Reproduktionsprozesses beobachten lässt.

* Sie entwickeln Autonomie, weil sie die Umwandlung von Inputs in systemische Reproduktion immer durch systeminterne Abläufe regeln und damit den Systemgesetzmäßigkeiten unterwerfen.

* Sie verfügen über Identität und Individualität, die sich als Folge fortlaufender Reproduktion und Selbstreferenz ergeben.

* Sie können niemals durch reine Inputs bzw. reine Outputs bestimmt werden, denn sie unterwerfen alles den eigenen Reproduktionsprozessen.

1.3   Luhmanns Systemdefinition und Systemtypisierung

Luhmann setzt bei der Entwicklung seiner Theorie sozialer Systeme an den Arbeiten Maturanas und Varelas in der Weise an, als er den konstruktivistischen Kern des Autopoiesekonzepts herausstellt und von dort ausgehend den Terminus der Autopoiese auch für andere Typen von Systemen verwendet. Zu diesem Zweck modifiziert er zunächst den Begriff der Beobachtung. Beobachten heißt für Luhmann, eine Unterscheidung anzuwenden und dabei eine Seite der Unterscheidung zu bezeichnen. Beobachten, wie Luhmann es definiert, hat immer eine binäre Struktur. Die Anwendung von Beobachtung als „Unterscheiden-und-Bezeichnen" stellt die Grundlage aller Autopoiese dar, die dann letztlich aus der prozessualen Aneinanderreihung von Beobachtung eines je bestimmten Typs besteht.

Der so definierte Beobachtungsbegriff ermöglicht die Erweiterung des Autopoiesekonzepts hin zu einer allgemeinen Systemtheorie, nach der autopoietische Systeme dadurch gekennzeichnet sind, dass sie Beobachtungen einer bestimmten Art aus eben Beobachtungen dieser bestimmten Art reproduzieren. In der Theorie sozialer Systeme werden drei Typen autopoietischer Systeme unterschieden:

Physische Systeme (biologische Systeme), die sich durch Zellreproduktion charakterisieren lassen. Sie sind der Gegenstand der biologischen Theorie autopoietischer Systeme.

Psychische Systeme, die durch die Reproduktion von Gedanken aus Gedanken konstituiert sind. Sie werden auch als Bewusstseine bezeichnet.

Soziale Systeme, die ihre Einheit dadurch gewinnen, dass sie Kommunikation an Kommunikation hängen. Diese systemische Einheit nennt Luhmann Gesellschaft.

Im Kontext der Theorie nehmen die Bewusstseine und Gesellschaft eine Sonderrolle dahingehend ein, als sie sinnverarbeitende Systeme bilden, d. h., sie sind in der Lage, eine Seite einer Unterscheidung zu wählen, ohne die nicht gewählte Seite für alle Zeit auszuschließen: Wer heute für eine politische Partei votiert, kann morgen einer anderen die Stimme geben, wer heute eine bestimmte Musik hört, kann morgen eine andere präferieren etc. Diese Bezeichnungen „haben Sinn", da sie Selektionen voraussetzen, und sie „verarbeiten Sinn", weil sie immer vor dem Hintergrund der anderen Alternativen selektiert bleiben, wobei die Möglichkeit, die Seiten zu wechseln, allzeit erhalten bleibt. Was für einzelne Bewusstseine gilt, wird auch für soziale Systeme behauptet: Ansichten, die heute nicht als wissenschaftlich tauglich angesehen werden, können morgen als „Stand der Diskussion" betrachtet werden, und Verhalten, das heute verpönt erscheint, mag morgen modern sein. Auch Kommunikation wählt zu einem Zeitpunkt eine Unterscheidung, bezeichnet die eine Seite, schließt dadurch die andere Seite zunächst aus und erhältlich gleichzeitig die Möglichkeit zu dieser Seite hinüber zu wechseln. Genau dies heißt nach Luhmann „Sinnverarbeitung".

1.4 Gesellschaft und funktionale Differenzierung

Die Theorie sozialer Systeme reserviert den Begriff Gesellschaft, so wurde oben ausgeführt, für den Typ autopoietischer Systeme, der Kommunikation an Kommunikation anschließt. Dazu bedarf es der „Mithilfe" von Bewusstseinen, gleichzeitig gilt aber, dass Bewusstseine unmöglich zu Elementen von Gesellschaft werden können. Die Entstehung von Kommunikation durch die Verbindung von Kommunikationsofferten im Zuge des Zusammentreffens von Bewusstseinen bedarf einer kurzen Klärung, denn hier wird eine zentrale Aussage des Konzepts angesprochen. Mit anderen Worten und in der Form einer Frage: Was geschieht, wenn Bewusstseine sich in kommunikativen Situationen begegnen, damit Kommunikation entsteht und sich als eigener Systemtyp in der Umwelt von Bewusstseinen konstituiert? Die Antwort auf diese Frage lautet wie folgt: Die Prozesse der Autopoiese von Bewusstseinen und Gesellschaft fallen für einen kurzen Augenblick zusammen, indem sie sich derselben Leitdifferenz bedienen. So kann ein Bewusstsein, nennen wir es A, beispielsweise die Unterscheidung „schön/nicht schön" wählen, um eine Kommunikationsofferte zu generieren, die den Beginn einer Unterhaltung bilden soll. Das Ergebnis dieser Überlegungen könnte beispielsweise in dem Satz bestehen:

A: „Schönes Wetter heute."

Damit Kommunikation entstehen kann, muss an diese Offerte kommunikativ angeschlossen werden, d. h., ein anderes Bewusstsein, nennen wir es B, muss die Offerte beobachten und seinerseits mit einer eigenen Kommunikationsofferte antworten. Hierzu ist es unumgänglich, dass das Bewusstsein B die gewählte Unterscheidung „schön/nicht schön" übernimmt, in einem internen Prozess als Kommunikationsofferte erkennt, mit eigenen Gedanken und einer weiteren Unterscheidung anschließt, diese neue Unterscheidung in eine für das Bewusstsein A als Kommunikationsofferte erkennbare Form (traditionell wird hier von Handlung als Form gesprochen) gebracht wird. Ist dieser Prozess vollzogen, so könnte die Reaktion des Bewusstseins B darin bestehen, dass es antwortet:

„Hast du sonst keine Probleme?"

Dass die Kommunikation selbst im Augenblick der ersten Kommunikationsofferte ihre eigenen Wege geht, dürfte bereits deutlich werden, wenn man den möglicherweise überraschenden (aber durchaus möglichen) Antwortsatz des Bewusstseins B betrachtet. Der Kommunikationsprozess entwickelt von seinem Beginn an eigene Verarbeitungsprozeduren. Diese autonomen Prozesse der Kommunikation machen eine Beschreibung der Kommunikationsabläufe über die ausschließliche Beobachtung und Beschreibung von Bewusstseinen unmöglich. Blickt man lediglich auf die beiden Bewusstseine A und B, so entsteht ein Bereich des „Unerklärlichen", der aus den Eigengesetzlichkeiten von Kommunikation entsteht.

Ausgehend von der „Wetterfrage" kann die Unterhaltung nahezu jede Wendung nehmen. Viele davon dürften dem Bewusstsein, das über Wetter sprechen wollte, zunächst nicht in den Sinn gekommen sein. Trotzdem gehört nur wenig Phantasie dazu, Gesprächsverläufe zu bedenken, die allesamt mit den oben erwähnten Sätzen beginnen und doch völlig verschieden enden. Die nachstehenden drei Beispiele mögen wiederum zunächst überraschen, sind aber ohne große Mühe zu rekonstruieren: Gesprächsbeginn wie oben beschrieben:

A: „Schönes Wetter heute."

B: „Hast du sonst keine Probleme?"

Gesprächsende 1

A: „Wenn Du so von mir denkst, rede ich nie mehr mit dir!"

Gesprächsende 2

A: „Prima, dann sehen wir uns gleich im Schwimmbad."

Gesprächsende 3

B: „Ja, ich möchte gerne Deine Frau werden."

Diese wenigen Beispiele können auch dazu dienen, die Verbindungen zwischen Gesellschaft und Bewusstseinen zu verdeutlichen. Beide Systemtypen „brauchen und nutzen einander", um die eigenen Prozesse anzustoßen. Sie nehmen die Beiträge des je anderen Systems als Energiezufuhr, als „Nahrungsmittel" oder – allgemeiner formuliert – als Anstoß (Perturbation) auf, um dann mit System eigene Operation und Modifikationen anzuschließen. Und weil dies so ist, bleiben die Systemtypen füreinander Bestandteile der Umwelt und sind in letzter Konsequenz nicht in der Lage, den Verlauf des autopoietischen Prozesses des je anderen Systems direkt zu steuern – wie gesagt: Es gibt keine reinen Inputs für autopoietische Systeme.

Aus der Position einer traditionellen Soziologie erweist sich die Beschreibung von Gesellschaft als Kommunikation (und nichts als Kommunikation) sicherlich als radikale Abkehr von nahezu allen Denktraditionen. Gesellschaft ohne Menschen ist jenseits der Luhmann'schen Theorie sozialer Systeme nur schwer vorstellbar. Im Gefolge dieser „radikalen Neuausrichtung von Soziologie" ergeben sich weitere begriffliche Neufassungen und Definitionen. Funktionale Differenzierung ist einer der Termini, die im Zuge dieser begrifflichen Neufassungen eine völlig andere als die traditionelle Bedeutung erhält.

Bevor die sozialen Funktionalsysteme genauer betrachtet werden, muss noch kurz darauf eingegangen werden, warum Differenzierung eigentlich ein so wesentliches Evolutionscharakteristikum vor allem für soziale Systeme sein muss. Dazu muss erläutert werden, wie Systeme mit ihrer Umwelt interagieren: Luhmann hat hier den Begriff der Reduktion von Komplexität entwickelt, der im wesentlichen besagt, dass jede Umwelt für ein spezifisches System – gleichgültig welcher Art – überkomplex ist, d.h. in ihrer Totalität vom System nicht erfasst werden kann. Damit das System sich gegenüber der Umwelt erhalten kann, muss es eine Form der Reduktion der Umweltkomplexität vornehmen, die die Umwelt in dieser reduzierten Form für das System "bearbeitbar", d.h. erfassbar macht. Es ist hierbei evident, dass ein System vor allem dann erfolgreich seine Umwelt erfassen kann, wenn die Komplexitätsreduktion die für das System wesentlichen Aspekte der Umweltkomplexität bewahrt. Ein System kann nun seine eigene Komplexität erhöhen und zwar durch "Binnendifferenzierung", d.h. durch Herausbildung systemimmanenter Strukturen; insbesondere kann es seine Komplexität durch Bildung systeminterner Teil- bzw. Subsysteme erhöhen. Generell gilt hierbei, dass die Erhöhung der systemeigenen Komplexität der wesentliche Mechanismus dafür ist, dass das System seine Umwelterfassung verbessern kann, d.h., je komplexer das System desto mehr Umweltkomplexität kann erfasst werden. In der allgemeinen Systemtheorie bedeutet dies, dass ein System nicht ohne ein Mindestmaß an Eigenkomplexität auskommt; die Umweltkomplexität, die bei der Erfassung durch ein System erhalten bleibt, ist eine direkte Funktion der systemischen Eigenkomplexität, die sowohl die Art als auch das Ausmaß der vom System vorgenommenen Reduktion der Umweltkomplexität bestimmt.

So gesehen ist es nahe liegend, den internen Ausdifferenzierungsgrad einer Gesellschaft als Indikator für ihren Evolutionsstand zu nehmen. In dem Maße, in dem funktional ausdifferenzierte Gesellschaften ein höheres Maß an Eigenkomplexität aufweisen als andere Gesellschaften – und das ist sicher der Fall –, sind sie in einem evolutionären Sinne des Wortes "leistungsfähiger" als andere; das ist allerdings keine moralische Wertung.

Was haben nun diese systemtheoretischen Grundprobleme mit den Problemen sozialer Ordnung und der Produktion sozialer Realität durch Einzelhandlungen zu tun? Beides ergibt sich aus der genaueren Bestimmung der sozialen Funktionalsysteme im Folgenden als soziale Systeme bezeichnet. Soziale Systeme entstehen als Steigerung der Eigenkomplexität einer Gesellschaft und damit als Mechanismus zur Steigerung der erfassbaren Umweltkomplexität. Dies geschieht durch Spezialisierung, d.h., jedes Sozialsystem ist durch eine bestimmte Funktion charakterisiert, zu deren Bearbeitung es aus der Gesellschaft insgesamt ausdifferenziert ist – Wirtschaft, Wissenschaft, Religion, Erziehung, Politik, Recht etc. Das Sozialsystem bearbeitet nur diese Funktion und erhält per Ausdifferenzierung eine weitgehende funktionale Autonomie, d.h., es operiert aufgrund einer systemspezifischen Eigenlogik, die von der Gesellschaft, also der Umwelt des Systems, nicht extern beeinflusst werden darf und kann – es sei denn, das System selbst wird in seinem Bestand bedroht und damit auch in seiner Funktionalität für die Gesellschaft.

Beachtet man die Terminologie der Theorie sozialer Systeme sehr genau, so darf von Handlungen als Bestandteile von Gesellschaft ebenfalls nicht gesprochen werden. Es geht vielmehr um Kommunikationsofferten, deren Beobachtung, um anschließende weitere Kommunikationsofferten und deren Verschmelzung zu Kommunikation. Es fällt jedoch häufig schwer, trennscharf zwischen dem, was traditionell als Handlungen bezeichnet wird, und Kommunikationsofferten zu unterscheiden, weil jede Kommunikationsofferte in eine Form gebracht werden muss, die für ein anderes Bewusstsein beobachtbar und als Kommunikationsofferte erkennbar ist. Der gängige soziologische Begriff für die meisten beobachtbaren Formen von Kommunikationsofferten lautet Handlung. Der Unterschied zwischen Handlung und Kommunikation mag durch drei Beispiele deutlich werden: Es ist durchaus möglich, dass auch eine schriftliche Antwort auf eine Kommunikationsofferte eine Anschlusskommunikation darstellt. Die eigentliche Handlung, das Schreiben eines Briefes, wird von dem Kommunikationspartner in diesem Fall gar nicht beobachtet werden (können) – gesehen – und ggf. als Kommunikationsofferte interpretiert – wird in diesem Fall lediglich das Resultat.

Die Form einer (kommunikativen) Handlung alleine sagt über die Brauchbarkeit im Prozess der Reproduktion von Kommunikation nichts aus. Eine Handlung muss als kommunikativ erkannt werden. Ein Gruß, der nicht gehört oder als Selbstgespräch missverstanden wird, kann als Kommunikationsofferte nicht gedeutet werden. Zwar liegt in diesem Fall eine Handlung vor, es entwickelt sich aber keine Kommunikation.

Schließlich kann eine Kommunikation auch entstehen, wenn gar keine kommunikative Handlung vorlag. Das Zurechtrücken des Hutes kann als Gruß fehlinterpretiert werden und, weil das missverstehende Bewusstsein kommunikativ – vielleicht mit einem „Hallo" antwortet – zu Kommunikation führen. Damit „bemächtigt" sich Kommunikation sozusagen einer nicht kommunikativen Handlung und bringt sie mit einer Anschlusskommunikation zusammen.

In direkten Interaktionen fallen Kommunikationsofferten jedoch in aller Regel mit der Handlung zusammen. In den nachstehenden Ausführungen, die sich auf Interaktionen beziehen, wird deshalb auch von Handlungen gesprochen. Für die nachfolgende Erläuterung der Aspekte Mediencode und Zurechnung zu bestimmten Systemzusammenhängen spielen die terminologischen Gesichtspunkte keine entscheidende Rolle.

"Mediencodes" sind sprachunabhängige Kommunikationsmedien, die soziale Handlungen eines bestimmten Typs steuern, d.h., sie beziehen die Handlungen auf die Systemfunktion, vermitteln die einzelnen Handlungen miteinander – sie ermöglichen "Anschlusshandeln" – und legen fest, welche Handlungen Elemente des entsprechenden Sozialsystems sind. Es sind genau die Handlungen, die sich über den Mediencode aufeinander beziehen lassen, über den Mediencode also aneinander anschließen können; andere Handlungen sind nicht und können nicht Elemente dieses speziellen Systems sein. Die Mediencodes sind damit ein fundamentaler Reduktionsmechanismus des Systems; sie sind gewissermaßen der Garant dafür, dass das System nur mit solchen Handlungen operiert, die als selbst reduzierte Handlungstypen die systemspezifische Reduktionsleistung des Systems immer wieder praktisch realisieren. Gleichzeitig sind sie als sprachunabhängige Medien konstitutiv dafür, dass die Systeme "objektiv" operieren, nämlich unabhängig von den Intentionen und Bedürfnissen der Individuen, die sich in sprachlich vermittelten Interaktionen nie gänzlich eliminieren lassen. Schließlich sind die Mediencodes auch wesentlich für die Selbstreproduktion des Systems, d.h., dafür, dass die systemischen Handlungen nicht plötzlich dadurch an ein Ende geraten, dass aus ihnen keine andere Handlung desselben Typus mehr erfolgt. Die Mediencodes selbst generieren zwar keine Handlungen per se – so wie auch Sprache als Struktur keine konkreten Sprechhandlungen generiert – , wohl aber ermöglichen sie es immer, aus einer endlichen Menge vorhandener Handlungen weitere Handlungen "abzuleiten". "Aus sich" heraus kommt ein Sozialsystem nicht zum Stillstand, sondern nur durch externe zerstörerische Eingriffe.

Am Beispiel des Wirtschaftssystems lässt sich dies etwas konkreter machen (vgl. dazu Luhmann 1984). Wenn überhaupt bei einem Gesellschaftsbereich, dann ist der systemische Charakter dieses Handlungsbereichs unstrittig. Der für dieses Sozialsystem spezifische Mediencode ist der des Geldes – ein Gedanke, den Luhmann wie die Konzeption der Mediencodes von Parsons übernommen hat, wenn auch in veränderter Form. Hier treffen offenbar alle bisher genannten Bestimmungen paradigmatisch zu: Geld kann sicher nur aufgefasst werden als eine bestimmte Art, wirtschaftliche Handlungen zu steuern und aufeinander zu beziehen.

Wenn man mit der Systemtheorie annimmt, dass wirtschaftliches Handeln durch Geld gesteuert wird, dann machen sich diese Handlungen weitgehend von Sprache unabhängig, sind also den Intentionen und vor allem Bedürfnissen der Gesellschaftsmitglieder äußerlich, sie sind aneinander anschließbar, da jede auf Geld bezogene Handlung durch andere entsprechende Handlungen fortgesetzt werden kann und wird – Kauf, Vertrag, Produktion und Verkauf, Konsumtion etc. – und schließlich sind für ein "effektives" Wirtschaftshandeln auch nur solche Handlungen zulässig, die auf Geld beziehbar sind – also beispielsweise auf Profit, Mehrwert usf. Als Basishandlung des Wirtschaftssystems bestimmt Luhmann dann auch die Handlung des Zahlens.

Am Beispiel des Mediencodes Geld wird auch die Reduktionsleistung des Systems Wirtschaft sehr deutlich. Wirtschaftliches Handeln ist hier definitiv nicht am "Gemeinwohl" oder gesamtgesellschaftlichen Vernünftigkeitsprinzipien ausgerichtet, sondern ist in seiner Effizienz ausschließlich auf den Mediencode Geld hin orientiert – gemeint ist hier stets das kapitalistische Wirtschaftssystem. Wenn man als Funktion des Wirtschaftssystems die materielle Reproduktion der Gesellschaft bestimmt (Luhmann drückt das allerdings etwas anders aus), dann konkretisiert und realisiert der Mediencode Geld, wie das in systemisch reduzierter und gleichzeitig maximal effektiver Weise geschehen kann.

Wenn, wie bei staatlich gelenkten Wirtschaften, andere Steuerungsgesichtspunkte und Steuerungsmedien hinzugenommen werden und/oder den Mediencode Geld überlagern, dann entsteht zumindest kein funktional autonomes Subsystem und damit – wie empirisch demonstrierbar – ein weniger reduziertes und noch ein weniger effektives Wirtschaftshandeln. In diesem Sinne sind Systeme "amoralisch" und zwar nicht nur das Wirtschaftssystem, das in dieser Hinsicht seit Entstehen kapitalistischer Gesellschaften immer wieder kritisch analysiert wurde, sondern jedes Sozialsystem, insbesondere dann, wenn es sich durch Herausbildung eines spezifischen Mediencodes von der primär sprachlichen Vermittlung einzelner Handlungen abkoppeln kann. Entsprechend zum Wirtschaftssystem konstituiert sich das Politiksystem durch den Mediencode "Macht", das Wissenschaftssystem durch "Wahrheit", das Familiensystem durch "Liebe" und das Rechtssystem durch "Recht", um nur einige der wichtigsten Beispiele zu nennen.

Das Entstehen sozialer Ordnung ergibt sich in der Theorie sozialer Systeme sehr konsequent aus den bisher entwickelten Grundbegriffen und Prämissen: Die einzelnen Handlungen gewinnen ihre soziale Spezifität dadurch, dass sie als Element eines Systems fungieren. Systeme "sind" funktional-strukturelle Zusammenhänge zwischen einzelnen Handlungen, die konkret durch die Mediencodes verknüpft werden; als Konstitution von Handlungen, nämlich Festlegung ihrer Zugehörigkeit zu einzelnen Systemen und damit Handlungstypen, fungieren die Systeme als ein ganz bestimmter Ordnungstypus, der selbst wieder aus seiner jeweiligen Funktionalität für die Gesellschaft heraus zu erklären und zu bestimmen ist. Die "Produktion" sozialer Realität geschieht selbstverständlich auch hier durch die Realisation von Handlungen; diese aber reproduzieren nicht Gesellschaft insgesamt, sondern ein bestimmtes soziales Subsystem, das als Ordnungstypus die Handlung als Systemelement gewissermaßen sozial verortet. An dieser Stelle treten die beiden zentralen Begriffe der Luhmann'schen Theorie, Autopoiese und Selbstreferenz, erneut in den Vordergrund – wobei gleichzeitig die Unterschiede zwischen beiden deutlich werden (vgl. dazu systematisch Luhmann 1984: 30 ff.). Wenn man unter Selbstreferentialität einen bestimmten Modus versteht, mit dem ein System sich auf sich selbst bezieht und beziehen kann – z.b. die Reflexion auf sich selbst bei einem individuellen Bewusstsein –, dann bedeutet Autopoiesis so etwas wie eine "praktische" Verschärfung der Selbstbezüglichkeit: Die Fähigkeit eines Systems, seine eigenen Systemprozesse selbst zu organisieren, zu steuern und durch Herstellung seiner Elemente sich selbst zu reproduzieren.

Betrachtet man den Reproduktionsprozess autopoietischer Systeme, in dem Elemente des Systems aus dem Netzwerk der Elemente des Systems hervorgehen, so wird die „Zwitterrolle" deutlich, die autopoietische Systeme hinsichtlich der Eigenschaften Offenheit und Geschlossenheit spielen. Autopoietische Systeme sind offen, weil sie immer durch äußere Anstöße zu systeminternen Prozessen bewegt werden (müssen), was mit dem Begriff der energetischen Offenheit beschrieben wird. Auf der operativen Ebene hingegen bleiben autopoietische Systeme geschlossen, denn die internen Abläufe unterliegen immer ausschließlich systemeigenen Gesetzmäßigkeiten.

Fasst man soziale Systeme als autopoietische Systeme auf, dann sind einzelne soziale Handlungen vor allem dadurch zu analysieren, dass sie und inwiefern sie ein Teil eines autopoietischen Produktionsprozesses – bezogen auf das entsprechende System – sind. Der Zusammenhang zwischen Mikroereignissen und Makrostrukturen stellt sich demnach hier so dar, dass einzelne Handlungen als systemspezifische Handlungen das System herstellen und zwar dadurch, dass die Handlungen "rekursiv" aufeinander aufbauen, auseinander hervorgehen und rekursiv vernetzte Prozesse bilden. Diese Prozesse realisieren dann das System – genauer gesagt: Die dynamische Stabilität des Systems und seine Identität gegenüber der Umwelt bestehen darin, dass die rekursiv geordneten Prozesse als spezifische Vernetzung von Handlungen und Handlungsfolgen eine soziale, nämlich systemische Realität produzieren.

"Rekursiv" ist ein Begriff aus der mathematischen Logik, der im wesentlichen besagt, dass bei vor allem zeitlichen Folgen sich das nächste Glied auf eine bestimmte Weise aus den vorhergegangenen ergibt; es gibt also Konstruktionsgesetze, die ein Element aus den bereits vorhandenen "erzeugen". Zur Präzisierung des Autopoieseprozesses und der Binnendifferenzierung von Gesellschaft durch funktionale Differenzierung kann die Vorstellung der rekursiven Verbindung beitragen, da hier deutlich wird, dass ein autopoietisches System nicht aus den „Beiträgen" von außen (den Kommunikationsofferten respektive Handlungen) alleine beschrieben werden kann. Die jeweiligen Rekursivitätsprinzipien müssen bei einer adäquaten Beschreibung des Systems immer mitbedacht werden. Für die Ausgestaltung der Rekursivitätsprinzipien eines bestimmten Systems muss auf die Eigenschaft der Individualität und Identität jedes autopoietischen Systems verwiesen werden, d. h., jedes System verfügt über seine eigenen Strukturierungen der Rekursivitätsprinzipien, eine Tatsache, die gelegentlich als individuelle Programmierung autopoietischer Systeme bezeichnet wird. Da man in einem formalen Sinne diese Rekursivitätsprinzipien auch als Handlungsgeneratoren ansehen kann, ergibt sich für autopoietische Systeme eine enge Beziehung zwischen Prozess und Struktur: Strukturen generieren Prozesse, aus denen sich wieder bestimmte Strukturen bilden, die als Prozessgenerator fungieren (können) usf. Luhmann drückt diese Beziehung sehr pointiert dadurch aus, dass er den Unterschied zwischen Prozessen und Strukturen nur noch in einer sehr bestimmten Zeitlichkeit sieht:

"Strukturen halten Zeit reversibel fest, denn sie halten ein begrenztes Repertoire von Wahlmöglichkeiten offen. ... Prozesse dagegen markieren die Irreversibilität der Zeit. Sie bestehen aus irreversiblen Ereignissen. Sie können nicht rückwärts laufen" (Luhmann 1984: 73 f.).

Soziale Ordnung jedenfalls besteht hier nicht nur aus statischen Strukturen, sondern auch aus Prozessgeneratoren, so dass wir hier eine sehr präzise zu formulierende Fassung dafür haben, dass soziale Ordnung in statischen und dynamischen Aspekten aufgefasst werden muss – es sind in gewisser Hinsicht die gleichen Festlegungen, mit denen eine bestimmte soziale Situation strukturell beschrieben wird und mit denen der Übergang zu anderen Situationen dargestellt wird. Die Integration von Mikro- und Makroebene erfolgt in dieser Theorie demnach einmal über die Zuordnung bestimmter Handlungstypen zu einem bestimmten System – die "Konstitution von oben", die gleichzeitig als Reduktionsleistung des Systems verstanden werden muss – und die autopoietische Selbstproduktion des Systems, dessen Rekursivitätsprinzipien sowohl Strukturen wie Prozesse beschreiben. Reduktion von Komplexität, soviel sei hier noch angemerkt, geschieht stets als eine bestimmte Form von Selektion, aus dem "an sich" vorhandenen Wahlrepertoire an Möglichkeiten nämlich. Die Umwelt stellt immer mehr Möglichkeiten zur Verfügung, als das System für sich in seine autopoietischen Produktionsprozesse integrieren kann. Bei sozialen Systemen – wie auch bei Persönlichkeitssystemen – geschieht diese Selektion über "Sinn":

Die Umwelt wird nach einer systemspezifischen Sinnperspektive geordnet und nur unter dieser Perspektive wahrgenommen. Der "Sinn" beispielsweise, nach dem das Wissenschaftssystem Umwelt erfasst und reduziert, besteht gemäß seiner Funktion darin, Umwelt als potentiellen Lieferant von Erkenntnis wahrzunehmen, wobei diese Erkenntnis nach dem Schematismus Wahrheit/Unwahrheit – dem Mediencode – geordnet werden muss. Andere Aspekte der Umwelt fallen der Reduktion von Komplexität zum Opfer.

Literatur

Bode, O. F. (1999): Systemtheoretische Überlegungen zum Verhältnis von Wirtschaft und Politik. Marburg

Bode, O. F. (2000): Allgemeine Wirtschaftspolitik. München/Wien

Heinze, Th. (2001): Qualitative Sozialforschung. München/Wien

Luhmann, N. (1984): Soziale Systeme. Frankfurt/M.

Luhmann, N. (1990): Soziologische Aufklärung 5 – Konstruktivistische Perspektiven. Opladen

Luhmann, N. (1991): Soziale Systeme. Frankfurt/M.

Luhmann, N. (1997): Die Kunst der Gesellschaft. Frankfurt/M.

Luhmann, N. (2000): Organisation und Entscheidung. Wiesbaden

2. Kommunikation und Tourismus

Ulrich Leifeld

2.1 Einleitung

„Elektrisch zusammengezogen ist die Welt nur mehr als ein Dorf", schreibt Marshall McLuhan bereits im Jahr 1962 in der Einleitung zu seinem Buch „Die Magischen Kanäle" (McLuhan 1992: 13). Die Wahrnehmung der Welt als „global village" (vgl. ebd.: 113) ist vierzig Jahre später zu einem geflügelten Wort in den Wissenschaften und greifbare Wirklichkeit geworden. Aktuelle Zeitdiagnosen erkennen in permanent voranschreitenden Globalisierungsprozessen Folgen für den wirtschaftlichen, politischen und sozialen Wandel der Verfasstheit unserer Gesellschaft bzw. der „Weltgesellschaft" (vgl. Meyer et al. 1997).

Globalisierungs- und Technisierungsprozesse wirken insbesondere auf den Tourismusmarkt als Wirtschaftssektor ein: Wenn Internet und Cyberspace es ermöglichen, neue Welten zu entdecken, per Videokonferenz mit Geschäftspartnern in aller Welt in Kontakt zu treten, ohne selbst räumlich mobil sein zu müssen, welche Motive existieren dann heute und in Zukunft noch, sich auf Reisen zu begeben? McLuhan fürchtete vor vierzig Jahren schon um die Zukunft des Reisens, ohne Kenntnis von den technischen Möglichkeiten der sogenannten „Neuen Medien" zu haben:

> „Die wichtigsten Faktoren des Einflusses von Medien auf bestehende Gesellschaftsformen sind Beschleunigung und Aufteilung. Heute ist die Beschleunigung fast total und macht dem Raum als Hauptfaktor der sozialen Ordnung ein Ende. [...] Wenn weiter die Triebwerke zur Entfaltung des Verkehrs stärker werden, stellt das Schleppen und Befördern kein Problem mehr dar, aber das physische Problem wird zu einem psychologischen, da mit der Aufhebung des Raumes auch leicht dem Reisen ein Ende bereitet werden kann" (McLuhan 1992: 115).

Mit anderen Worten: Ist zu befürchten, dass die momentan nachgefragten Angebote im Wirtschaftssektor „Tourismus und Reisen" schon bald zu „Ladenhütern" werden? Müssen die Anbieter im Tourismusmarkt um ihre Kundenzahlen bangen, wenn die technische und gesellschaftliche Entwicklung so weiter verläuft? Können Reisen in virtuelle Welten tatsächliche Reiseerfahrungen ersetzen? Lässt der Computer die räumliche Mobilität der Menschen obsolet werden?

Anhand von drei Thesen sollen derartige Fragestellungen untersucht werden. Die erste These befasst sich mit dem Verhältnis von Reisen und Information unter besonderer Berücksichtigung der Geschwindigkeit. Die zweite These bezieht sich auf die Notwendigkeit der Einbettung des Tourismus in face-to-face und medial vermittelte Kommunikationsprozesse und damit einher gehenden Problematiken. Die dritte These untersucht das Reisen in seiner psychologischen Funktion, indem die Begegnung mit „dem Fremden" hinterfragt und untersucht wird.

Das daran anschließende letzte Kapitel versucht, Parameter zu entwickeln, die Motive für das Reisen der Menschen aufzeigen. Zu trennen sind dabei die Sachdimension (was will der Nachfrager im Urlaub?) von der sozialen Dimension (wie erlebt er sich und die Umwelt im Urlaub?). Aufgrund der in hohem Maße professionalisierten kommunikativen Inszenierung des Tourismus müssen Manager im Tourismusmarketing darauf achten, dass die von ihnen öffentlich angebotenen Leistungen ein hohes Maß an Marktattraktivität gewinnen und erhalten. Dies kann durch gute Produktqualität erfolgen, aber ohne gleichzeitige kommunikative Inszenierungen und Positionierungen auf dem Markt wird kein Produkt wirtschaftlich erfolgreich sein.

Wissenschaftlich wird ein interdisziplinärer Forschungsweg gewählt, um grundlegende Zusammenhänge zwischen Kommunikation und Tourismus aufzuzeigen. Hierbei wird deutlich, dass noch erheblicher Forschungsbedarf besteht.

Das Ziel des Beitrags liegt in der Intention, Kommunikation und Tourismus aufeinander bezogen zu betrachten. Dabei sollen neue Perspektiven der wissenschaftlichen Auseinandersetzung eröffnet werden. Mit Worten von Paul Watzlawick können die Intention, aber auch die Grenzen der Leistung dieses Beitrags umrissen werden:

„Arthur Koestler verweist in dem Buch >Der göttliche Funke< darauf, dass Entdeckungen – und auch der Humor, nebenbei bemerkt – eigentlich niemals oder sehr selten im Entdecken einer vollkommen neuen Sache bestehen, sondern dass die Entdeckung vielmehr die Herstellung einer bisher unbekannten Beziehung zwischen zwei bekannten Dingen im weitesten Sinne ist" (Watzlawick 1995: 33).

These I:
Die Unabhängigkeit der Informationsgeschwindigkeit von menschlicher Bewegungsgeschwindigkeit ermöglicht Globalisierungsprozesse und lässt Tourismus und informationsverarbeitende Industrie an Bedeutung gewinnen

Neil Postman kritisiert den Geschwindigkeitsrausch, dem unsere Gesellschaft ausgesetzt ist. Er zweifelt, ob Menschen von weiterführender technischer Beschleunigung profitieren. Im historischen Rückblick ist erkennbar, dass vom Altertum bis ins 17. und beginnende 18. Jahrhundert hinein die Geschwindigkeit einer Reise, der Transport von Handelsgut und damit auch die Mitteilung von Informationen technisch nicht nennenswert beschleunigt werden konnte (vgl. Schulze 1994: 73 f.). Die Geschwindigkeit von Informationen war unmittelbar an die Reisegeschwindigkeit des Überbringers einer Mitteilung gekoppelt.

„Ein von Venedig abgeschickter Brief brauchte 12 Tage nach Paris, 20 Tage nach Nürnberg, 27 Tage nach London. Zugkarren konnten allenfalls 30 Kilometer pro Tag zurück legen, berittene Reisende 40, Eilboten 100 Kilometer – alles vage Durchschnittschätzungen. Gebirgsüberquerungen verlangsamten die Geschwindigkeiten enorm, Raubüberfälle erhöhten das Risiko, Kriege oder Epidemien zwangen zu Umwegen, und in nassen oder kalten Jahreszeiten war das Reisen fast unmöglich. Je größer ein Reich, desto schwerfälliger der Nachrichtenfluß zwischen Herrscher und Provinzverwaltungen, desto langsamer Entscheidungen und deren Durchsetzungen" (Schulze 1994: 50).

Nachrichtenübermittlung und Reisen sind so eng aneinander gekoppelt, dass es legitim ist, die Begriffe „Kommunikation" und „Reisen" in diesem Zeitraum nahezu synonym zu verwenden. Zur Übertragung von Informationen dienen nicht – wie heute – Medien, sondern Postwege zu Lande und zu Wasser bilden die Kommunikationskanäle. Die Informationsübertragung über weite Strecken ist langsam und störanfällig. Daher erstreckt sich die Lebenswelt der Menschen bis ins 17. Jahrhundert vor allem auf regional begrenzte Räume. Vorstellungen über Lebensweisen von Menschen jenseits der eigenen Lebensregion existieren kaum und werden nur durch Erzählungen oder Aufzeichnungen von Reisenden vermittelt.

„Seit Columbus' Entdeckungsreisen betrieben viele europäische Länder eine Kolonialpolitik, so daß es im 18. Jahrhundert eine Menge Entdeckungsreisende, Kaufleute und Kirchenmänner [...] gab, die etwas über exotische Sitten und fremde Menschen zu erzählen hatten. [...] Bei ihrer Rückkehr brachten sie Augenzeugenberichte und verblüffende Informationen mit [...]" (Postman 1999: 106).

Wegen der mit dem Reisen verbundenen Unannehmlichkeiten sind die meisten Menschen im Allgemeinen nicht mobil. Erst 1614 gibt es „eigene Gehwege neben den städtischen Straßen" (Hierdeis 1998: 31). Dies zeigt, dass Mobilität und das Beschreiten neuer Wege erst sehr langsam und spät entdeckt werden. Die Betrachtungsweise des Reisens war damals eine andere als die heutige. Reisen ist kein angenehmes, zeitlich begrenztes Verlassen des eigenen Lebensbereichs, sondern bis zum Ende des 18. Jahrhunderts immer zweckgebunden motiviert (vgl. Bendixen 1997: 33). Menschen reisen, um Handel zu treiben, um zu pilgern oder um die eigene Bildung zu vervollkommnen. Zum Reisen fehlt lange Zeit eine geeignete Infrastruktur; es gibt weder geeignete Verkehrsmittel noch ein brauchbares Verkehrsnetz. Im Jahr 1835 fährt die erste Eisenbahn in Deutschland, und es dauert noch einige Zeit, bis Eisenbahntrassen ein beschleunigtes Reisen ermöglichen. Erst im 20. Jahrhundert kommen Autos, Autobahnen und Flugzeuge hinzu (vgl. Hierdeis 1998: 33).

Die früheste Form des modernen Reisens, die Bildungsreisen, sind bis in 19. Jahrhundert ein Privileg weniger. Genussreisen wurden erst im 20. Jahrhundert populär (vgl. Bendixen, 1997: 104).[13] Erst nach dem zweiten Weltkrieg werden Erholung und Ausspannen zum Hauptmotiv des Reisens (vgl. Roth 1998: 46), was zur Konsequenz hat, dass heute das „Reisen zu etwas geworden [ist; U.L.], das das Gefühl des Reisens gar nicht erst aufkommen läßt" (Bendixen 1997: 108).

Eine Frühform von Reisemobilität in der industrialisierten Gesellschaft ist die „Sommerfrische", in die höhere gesellschaftliche Kreise (Großbürgertum, Aristokratie) unter erheblichem Umzugsaufwand aufbrechen und die zumeist über mehrere Monate andauert. Die Sommerfrische ist auf das Reisen in nahe gelegene ländliche Gebiete beschränkt und vermittelt einen Kontrast zum städtischen Leben. Mit zunehmender Popularität begeben sich auch der ökonomisch und ideologisch verunsicherte Mittelstand sowie soziale Aufsteiger einer neu aufkommenden Mittelschicht zur Erholung in ländliches Refugium.

Die Sommerfrische ist aufgrund des Erholungsmotivs zwar mit dem touristischen Reisen der heutigen Zeit vergleichbar, jedoch handelt es sich hierbei nicht um einen „direkten Vorläufer des Tourismus" (Bendixen 1997: 33). Der Grund

---

[13] Der Vollständigkeit halber sei angemerkt, dass die frühesten Formen des Reisens die Entdeckungs- und Bildungsreisen des Altertums waren. Ebenso fanden im Mittelalter Pilger- und Wallfahren als vormoderne Formen des Reisens statt. Da es in dieser Arbeit ausschließlich um eine moderne und nachmoderne Betrachtungsweise geht, bleiben diese Formen des Reisens unberücksichtigt. Für Interessierte vgl. Roth 1998: 47f.

hierfür liegt in Dauer und Umfang der Reise. Der Aufbruch in die Sommerfrische ist mit erheblichem Umzugsaufwand verbunden, da der Aufenthaltsort meist für einen längeren, sich über Monate erstreckenden Zeitraum verlagert wurde. Im Gegensatz hierzu beträgt die Urlaubsreise nur wenige Tage oder Wochen. Zur Abreise genügt zumeist ein Koffer samt Handgepäck, denn Urlaub bezweckt keine längerfristige Verlegung des Aufenthaltsortes, sondern lediglich einen vorübergehenden „Tapetenwechsel".

Mobilität wandelt sich erst im Nationalsozialismus zu einer touristisch geprägten Aktivität. Der Freizeit- und Erholungsbereich wird durch die „Kraft durch Freude" – Gemeinschaft zum tragenden Element der Staatspolitik. Erstmals wird der Arbeiterschicht die Möglichkeit zu ausgedehnteren Reisen (zumeist in Seebäder Europas oder gebirgsnahe Regionen) geboten, und das Reisen wird hierdurch Element eines neu aufkommenden modernen Massentourismus. Von diesem lässt sich jedoch erst in der Nachkriegszeit sprechen, da zuvor die strukturellen Gegebenheiten nicht vorhanden sind, die eine Massenmobilität ermöglichen.

Nach dem zweiten Weltkrieg ist das „Hauptmotiv des Reisens unangefochten Erholung und Ausspannen" (Roth 1998: 47). Um den Urlaubssuchenden verschiedene Möglichkeiten zu eröffnen, entsteht ein breit gefächertes touristisches Angebot. Kirstges definiert Tourismus als

> „...Gesamtheit der Erscheinungen und Beziehungen [...], die sich aus einer Reise und dem Aufenthalt von Personen ergeben, die für mindestens 24 Stunden Orte besuchen, die außerhalb ihres hauptsächlichen Wohn- und Arbeitsbereichs liegen und deren Reisemotiv entweder dem Bereich der Freizeit (Erholung, Urlaub, Gesundheit, Bildung, Religion, Sport o.ä.) oder den Bereichen Geschäft, Familie, Mission oder Konferenz entspringen" (Kirstges 1997: 22).

Gemäß dieser Definition ist Mobilität in Form des Reisens ein Grundbestandteil des Tourismus. Eine zunehmende Verstädterung, Zunahme der regionalen Mobilität, Steigerung der Einkommen und weit gehende Sättigung alltäglicher Konsumbedürfnisse sind Faktoren, die Menschen dazu bewegen, ihr Geld in Urlaubsreisen „zu investieren". Gesellschaftliche Differenzierungs- und Prestigewünsche werden auch im Wirtschaftssektor „Tourismus" erfüllt, indem Reiseangebote mit zunehmendem Preis auch mit erhöhter Exklusivität verbunden werden. Mit Art und Umfang der eigenen Mobilität kann man seine Kaufkraft demonstrieren, Konsumwillen zeigen und symbolische Werte kaufen, die den eigenen sozialen Status deutlich werden lassen (vgl. Prahl; Steinecke 1989: 160 ff.).

Selbst der Individualtourist kann in der heutigen Zeit nicht dem Massentourismus entgehen, da er an „einem epochalen, strukturverändernden Prozeß" (Armanski 1980: 8) teilnimmt und auf seinen Reisen Einrichtungen des Massentourismus (mit-)benutzt. Wer glaubt, heute individuell Reisen zu können, gibt sich einer Illusion hin, denn in jedem Verkehrsmittel und auf allen Verkehrswegen findet man Mitreisende. Auch Individualreisende nutzen Restaurants und Hotels. Die Individualität zeigt sich gegenüber dem Pauschaltouristen lediglich in der Freiheit der Wahl von Verkehrsmitteln, Übernachtungsorten und Hotels, die einzeln gekauft zumeist teurer sind als pauschal gebuchte Angebote. Die Freiheit, Aufenthaltsdauer und Reiserichtung selbst bestimmen zu können, aus einem Angebot vor Ort frei wählen zu können (und nicht aus einem Katalog zu Hause) wird damit zum Luxus. Die Bequemlichkeit, unbekümmert pauschal gebucht und organisiert zu reisen wird hingegen zu einem Massenprodukt, das aufgrund der hohen Nachfrage vom Anbieter mitunter preisgünstig zu erstehen ist, insbesondere, wenn man kurzfristige Restplätze aufkauft („Last-Minute-Reisen").

Die heute zur Verfügung stehenden technischen Mittel schaffen eine enorme Mobilität. Innerhalb von 24 Stunden ist von Europa aus jeder Kontinent der Erde zu erreichen. Fluggesellschaften bilden Allianzen und stimmen ihre Flugpläne so aufeinander ab, dass ihre Passagiere noch schneller von einem Ort zu einem anderen gelangen. Eisenbahngesellschaften bringen Fluggäste mit zeitgünstigen Verbindungen zum Flughafen „Rail&Fly", damit die zeitliche Entfernung von A nach B immer weiter schrumpft.

Wer sich nicht selbst bewegen kann oder möchte, hat dennoch Möglichkeiten, an der umfassenden Mobilität teilzunehmen. Per Mausklick werden in Sekundenschnelle Bilder aus allen Teilen der Welt übermittelt. So können wir im Gegensatz zu Menschen früherer Generationen (oder auch nicht-industrialisierter bzw. computerisierter Gesellschaften) konkrete Vorstellungen über entlegene Orte der Welt entwickeln, ohne jemals selbst dort gewesen zu sein. Dennoch ersetzt das Surfen im Internet nicht das Reisen, da der Erlebniswert ein anderer ist. Auch bleibt offen, ob der Mensch sein Wissen dem schnellen technischen Wandel anpassen kann und möchte.

„Suchte der Mensch anfangs über die natürliche Ordnung zu obsiegen – ein Ziel, das er nahezu erreichte – , so versuchte er in den letzten hundert Jahren gar, die natürliche Ordnung durch eine technische zu ersetzen – wozu er auf dem besten Wege ist. Von der postindustriellen Gesellschaft wird dieser Vorstoß mit noch größerem Nachdruck vorgetragen. Fragt sich nur, ob der Mensch auch weiterhin mitmacht. Das ist die Offenheit der Geschichte" (Bell 1988: 152).

Durch die erfahrene Beschleunigung gewinnen sowohl das Reisen als auch die Information an Attraktivität. Insbesondere die Information kann sich zu einem Wert entwickeln, seitdem die Informationsgeschwindigkeit gesteigert und die Menge der übermittelbaren und speicherbaren Informationen vervielfacht werden kann. Der sinkende Speicherplatz, den Informationen benötigen, ist neben der immer rasanter werdenden Geschwindigkeit zweiter wesentlicher Faktor, der Globalisierungsprozesse technisch begünstigt.

„Tourismus" ist ebenso wie Massenmedienkonsum ein Kennzeichen der modernen und insbesondere „nachmodernen Gesellschaft". Die Revolution im Transport- und Kommunikationssektor hat Globalisierungsprozesse erst ermöglicht. Heute werden mit dem Begriff „Globalisierung" Überschreitungen bestehender Grenzen mit Hilfe weltweiter technischer Verkehrs- und Informationsnetze bezeichnet, die einen (nahezu) freien Transfer von Menschen, Daten und Gütern ermöglichen. Die technisch realisierte Globalisierung hat zur Folge, dass rechtlich und politisch territoriale Grenzen zwischen Ländern unbedeutender werden. Beispielsweise ersetzt die Europäische Union zumindest teilweise nationalstaatliche Souveränität. Im Bereich des Rechts kann etwa der Europäische Gerichtshof nationale höchstrichterliche Urteile revidieren. Im wirtschaftlichen Bereich ersetzt der EURO nationale Währungen. Das Zusammenwirken der technischen, rechtlichen und wirtschaftlichen Rahmenbedingungen ermöglicht und beschleunigt den reibungslosen transnationalen Verkehr von Waren und Dienstleistungen.

Die Entkoppelung von Bewegungsgeschwindigkeit und Informationsgeschwindigkeit ist eine kulturelle und kommunikationstechnologische Vorraussetzung der Globalisierung, die ihren Ursprung in der industriellen Revolution hat. Erst jetzt wird es Menschen möglich, Maschinen zu erfinden, die selbst Geschwindigkeit erzeugen. Virilio bezeichnet dies als „erste Geschwindigkeitsrevolution" (vgl. Virilio 1993: 7 f.), die zweite sieht er in der fortschreitenden Schnelligkeit der Übertragungsmedien.

Das Fazit der ersten These dieser Arbeit ist, dass die beiden von Virilio benannten Revolutionen auf zwei wirtschaftliche Sektoren unverkennbare Auswirkungen haben: Der internationale Tourismus boomt und die Entwicklung der Medien- und Kulturindustrie, v. a. Film, Computer und Fernsehen, schreitet rasant voran. Die Reiseindustrie kann heute auf gut ausgebaute nationale und internationale Verkehrsverbindungen zurückgreifen Die Angebote der Reiseveranstalter sind standardisiert (aber gleichzeitig diversifiziert) und risikominimiert, was Massenreiseverkehr ermöglicht. Eine sichere und zeitgerechte Rückkehr wird dem Urlauber garantiert.

„Das Unterwegssein kann seinen Reiz in sich selbst haben. Das Fahren hat heute nur noch einen Hauch von Gefahren (im Vergleich zum Reisen noch vor 200 Jahren; [...]) weil der Tourismus, auch der Individualtourismus, weitgehend technisch, organisatorisch und vor allem (reise-)rechtlich abgesichert ist" (Bendixen 1997: 14).

Aus den aufgezeigten Überlegungen ergibt sich wirtschaftlich, dass Reiseveranstalter das Reisen zunehmend bequemer und sicherer gestalten, um die hohen Nachfragebedürfnisse nach Urlaubsangeboten in allen Teilen der Erde und für unterschiedliche Zielgruppen zu befriedigen. Die Identität des heutigen Reisenden ist ein Produkt jahrhundertealter Reisetätigkeit, einer unendlichen Folge immer neuer Abreisen, Passagen und Ankünfte. Reisen – früher einmal etwas Besonderes und eine Ausnahmesituation – wurde inzwischen zur Routine. Es erhöht als Konsumartikel die „Genußkonzentration" (Bernecker 1955: 83) einer Erlebnisgesellschaft, die Tourismus als „mobile Freizeit" versteht. Trotz des massenhaften Reisens soll jedoch subjektiv das Gefühl erweckt werden, dass der Urlaub nicht ein standardisiertes Massenprodukt ist. Für Touristen soll Urlaub etwas Besonderes bleiben. War früher das Besondere des Reisens die Seltenheit seines Vorkommens und die Unwegsamkeit, dient das Reisen heute zum Ausdruck eines subjektiven Lebensgefühls. Der Tourist entwickelt bereits zu Hause Fantasien und Bedürfnisse mit unterschiedlicher Ausrichtung: Den Wunsch nach Aufbruch in andere Erlebniswelten, den Anspruch auf Ruhe und Erholung, das Kennen lernen anderer Menschen und fremder Kulturen.

These II:
Der Tourismus bedarf in hohem Maße kommunikativer Inszenierung um Produktattraktivität zu erlangen, zu erhalten und zu erweitern

Durch vielfältige technische Entwicklungen können Informationen mittlerweile nahezu unabhängig von Raum und Zeit übertragen werden (vgl. Postman 1988: 83 ff.). Mit der rapiden Zunahme der Informationsgeschwindigkeit geht einher, dass mehr Informationen in einer Zeiteinheit übertragen werden können.

Der globale Tourismus ist nicht unabhängig von Information geworden, nur weil Reisegeschwindigkeit und Informationsgeschwindigkeit nicht mehr aneinander gekoppelt sind. Im Gegenteil: Der Wirtschaftssektor Tourismus wird in hohem Maße von zum Urlaub animierenden Kommunikationsprozessen zusammengehalten.[14] Urlaubsbilder und -ansichten werden in persönlichen Erzählungen, in Katalogen, in Print- und elektronischen Medien vermittelt. Es gibt keinen attraktiven Urlaub ohne animierende Kommunikation über ihn. So sind Touristikunternehmen gezwungen, immer neue Botschaften zu entwickeln, die über Existenz, Merkmale, Preis und Vorteile eines Produktes informieren (vgl. Allmann 1998: 34). Ohne große Streuverluste müssen dabei Empfänger mit unterschiedlichen Bedürfnissen erreicht werden.

Marketing im Dienstleistungssektor unterscheidet sich vom klassischen Marketing in vier wesentlichen Aspekten, die bei der Initiierung eines öffentlichen Kommunikationsprozesses über touristische Leistungen vorab bedacht werden müssen. Folgende Besonderheiten sind zu nennen (vgl. Roth 1998: 88 f.):

1. Das Touristik-Produkt ist als Dienstleistung materiell nicht greifbar und kann daher nicht wie Ge- oder Verbrauchsgüter ausprobiert werden.

2. Die touristische Dienstleistung ist heterogen und kann im Gegensatz zu standardisierten, maschinell gefertigten Produkten nur zum Teil vom Anbieter kontrolliert werden. Das Produkt setzt sich aus Einzeldienstleistungen zusammen („Flug, Hotel, Verpflegung, Transfers"), die unterschiedliche Qualitäten aufweisen können.

3. Die touristische Dienstleistung ist vergänglich. Ein Gebrauchsgut kann über eine längere Zeitspanne hin verkauft werden, touristische Leistungen hingegen sind stark zeitgebunden. Ein Platz im Flugzeug wird für einen bestimmten Flug und Tag entweder verkauft oder bedeutet ein Minusgeschäft für den Anbieter.

4. Nutzung und Herstellung der touristischen Dienstleistung erfolgen zeitgleich. Wird der Service und die Betreuung auf einer Reise vom Kunden als negativ beurteilt, empfindet er das Produkt als negativ. Gebrauchsgüter haben demgegenüber eine eigene Qualität, die der Kunde unabhängig vom Service des Verkäufers beurteilen kann.

---

[14] Selbstverständlich bedient sich der Tourismusmarkt auch der neu entwickelten Technologien. Innovative Buchungssysteme (z.B. AMADEUS) werden entwickelt und miteinander vernetzt, Reiseangebote sind im Internet abrufbar und direkt buchbar. In dieser Arbeit werden solche Aspekte jedoch nicht weiter behandelt. Im Folgenden soll sich vielmehr auf die Darstellung öffentlicher Kommunikationsprozesse und deren Bedeutung für den Tourismus als Wirtschaftssektor beschränkt werden.

Roth folgert aus diesen spezifischen Eigenschaften des Tourismus-Marketings:

„Der immaterielle Charakter des Dienstleistungsproduktes, die Tatsache, daß das Produkt vor seinem Erwerb nicht auf Qualität und Vollständigkeit hin überprüft werden kann, stellt hohe Anforderungen an die Kommunikation" (Roth 1998: 89). Derartige Kommunikationsprozesse und -formen können medial oder nonmedial vermittelt werden. Medien fungieren dabei als Manager von Urlaubsillusionen und -wünschen. Marketingexperten von Touristik-Anbietern sind zwar der Aufgabe enthoben, Probleme der physischen Produktdistribution zu lösen (vgl. Roth 1998: 88), aber umso mehr müssen sie sich um eine erfolgreiche Kommunikationspolitik bemühen, damit eine Produktwahrnehmung auf dem Markt von Seiten der Nachfrager erreicht wird. Es gilt, ein materiell und sinnlich nicht wahrnehmbares Produkt zu verkaufen. Erschwerend erweist sich dabei die beträchtliche Anzahl von Anbietern, die mit austauschbaren Leistungsangeboten in Konkurrenz zueinander stehen. Da Märkte immer stärker segmentiert sind, muss eine vorausschauende Kommunikationspolitik genau differenzieren, welche Zielgruppen auf welchem Wege angesprochen werden können. Eine Vielzahl von segmentierten Märkten, die einhergehen mit ebenso vielfältigen Zielgruppen, kann als eine Ursache der signifikant hohen Reizüberflutung in der öffentlichen Kommunikation festgestellt werden. Als problematisch erweist sich die beschränkte Aufnahmekapazität der menschlichen Sinnesorgane: Obwohl das Informationsangebot ständig erhöht wird, bleibt die Aufnahmekapazität des Menschen aufgrund biologischer Gegebenheiten konstant. Die Aufnahmekapazität der Sinnesorgane veranschaulicht Ritzdorf in folgender Übersicht:

Abbildung 1: Aufnahmekapazität der Sinnesorgane

Modalität	Anzahl der Nervenfasern	Informationskapazität in (Bit/Sek)
Gesicht	1 - 2.000.000	3.000.000
Gehör	10 - 20.000	20 - 50.000
Druck, Berührung, Temperatur	10.000	200.000 2.000
Geruch	2.000	10 – 100
Geschmack	2.000	10

(Quelle: RITZDORF, 1982:10)

Aus dieser Tabelle ist ersichtlich, dass die Informationskapazität der visuellen Sinnesmodalität bei 90 % der gesamten Kapazität liegt. Da die meisten Informationen visuell aufgenommen werden, steht das Tourismusmarketing vor der Aufgabe, ein eigentlich unsichtbares Produkt sichtbar darstellen zu müssen. Da es nur eine begrenzte Anzahl von Stereotypen gibt, wiederholen sich in der Urlaubswerbung zumeist bestimmte Urlaubsmotive, die jeweils in unterschiedlicher Realisierung dargestellt werden. Der Strand am Meer, die Palmen oder das Lächeln freundlicher Stewardessen sind in der Werbung häufig genutzte Schlüsselreize, die potentielle Kunden motivieren sollen, eine Reise zu buchen.

Tourismuswerbung akustisch umzusetzen, ist ebenso schwierig und gemäß der Erkenntnisse über die Aufnahmekapazitäten menschlicher Sinnesorgane weitaus weniger effektiv. Auch in Radiospots kann für Urlaub geworben werden, hierbei muss dann auf Klangbilder visuell gängiger Motive zurückgegriffen werden: Man hört das Meer rauschen, den Wind durch Palmen ziehen oder Jets, deren Triebwerke typische Geräusche machen und Fernweh aufkommen lassen. Akustische Werbung greift auf visuell gängige Bilder zurück und setzt diese – soweit möglich um. Manche Motive wie das Lächeln einer Stewardess sind jedoch nicht von einem Sinneskanal (visuell) zum anderen (akustisch) übertragbar.

Damit Werbung überhaupt wirken kann, muss sie von potentiellen Käufern wahrgenommen werden. Ein menschliches Auge besitzt 126 Millionen Rezeptoren (vgl. Guski 1989: 32 f.) zur Informationsaufnahme. Eine erste Bündelung der Reize und damit die erste Selektion findet bereits an der Retina statt. Da „nur" ca. 2 Millionen Nervenfasern zur Informationsweiterleitung ans Gehirn zur Verfügung stehen, ist diese Selektion biologisch notwendig. Nach Schätzungen wird die Informationsmenge, die auf die unterschiedlichen Sinnesorgane eines Menschen eintrifft, zwischen 106 bis 1011 angegeben (Ritzdorf 1982: 10). Damit wird die Gesamtaufnahmekapazität aller Sinnesorgane drastisch überschritten. Mit Hilfe der selektiven Wahrnehmung und der Invariantenbildung verarbeitet der Mensch den Informationsüberschuss. Selektive Aufmerksamkeit ist die Ausfilterung irrelevanter Reize. Nur solche Reize, die Interesse erzeugen, werden wahrgenommen und im Kurzzeitgedächtnis gespeichert (vgl. Ritzdorf 1982: 31). Mit der Speicherung im Kurzzeitgedächtnis beginnt der Prozess der Invariantenbildung. Wahrnehmungselemente werden zu Klassen zusammengefügt. Diese übergeordneten Informationseinheiten bezeichnet man als „Chunks". Separate Einheiten werden entweder an vorhandene Chunks angebunden oder zu neuen Chunks verknüpft. „Das Verstehen jeder Sprache beruht auf dieser Methode des „Chunking" (etwa: „Verklumpen") von

Buchstaben zu Wortbildern und Wörtern zu Sinneinheiten (vgl. Der Spiegel, Nr. 16/96 vom 15. April 1996: 96).

Werbung ist ein für Kommunikationswissenschaft und Tourismusmanagement aufschlussreiches Forschungsobjekt, um zu erfahren, mit welchen Reizen Anbieter auf welche Weise Konsumenten dazu bringen, auf ein Produktangebot zu reagieren. Gemäß dem Modell der Invariantenbildung werden in der Werbung vermittelten Reize zunächst vom Rezipienten auf ihre Attraktivität hin überprüft und damit zugleich bewertet. Nur Reize, die sich anbinden und zuordnen lassen, werden ins Langzeitgedächtnis aufgenommen (vgl. Sommer 1994: 8). Aus diesen Prozessen der Informationsverarbeitung lässt sich ableiten, dass nur Stimuli verarbeitet werden, die der persönlichen Interessenlage des Individuums entsprechen. Für die Kommunikationsform Werbung ist von Bedeutung, dass keine entgegen gesetzten Bedürfnisse geweckt, sondern nur vorhandene verstärkt und bekräftigt werden können (vgl. Schmalen 1985: 35). Ein Mensch, der kein Interesse an einem Skiurlaub hat, wird auch über die am besten durchdachte Werbung nicht dazu zu bewegen sein, eine derartige Reise zu buchen und anzutreten. Ist jedoch ein Bedürfnis nach Urlaub im Schnee vorhanden, mag ansprechende Werbung ein Initial sein, um eine Kaufentscheidung folgen zu lassen.

Die steigende Informationsmenge führt dazu, dass Informationen in immer größerem Maße nur noch passiv, absichtslos und mit geringer Aufmerksamkeit sowie schwacher Gedächtnisleistung aufgenommen werden. Man spricht hier von „Low-Involvement-Verhalten" (vgl. Deimel 1989: 153). Werbeangebote mit zunehmend schrilleren Reizen treffen auf immer weniger Interesse der Rezipienten. Werbeschaltungen, insbesondere die der in hohem Maße von Werbung abhängigen Touristik-Unternehmen, müssen daher so konzipiert werden, dass bei steigender Informationsflut und sinkendem Interesse potentieller Kunden dennoch eine entsprechende Wirkung erzielt wird. Eine denkbare Lösung wäre der Zuschnitt der Werbung auf klar segmentierte Zielgruppen. Dies führt jedoch zu hohen Kosten im Marketing und noch mehr Werbung insgesamt (vgl. Kroeber-Riel 1986: 95 f.).

Neben der massenmedialen Vermittlung spielt die „face-to-face"-Kommunikation eine wichtige aber bislang wissenschaftlich weitgehend unbeachtete Rolle, um Reisebedürfnisse im sozialen Umfeld zu wecken. Der Vorteil gegenüber massenmedialer Informationsweitergabe besteht darin, dass der Informierende direkt eine Resonanz bekommt. Non-verbale und verbale Reaktionen vermögen das Maß an Interesse anzuzeigen, dass zur Fortführung eines Gesprächs vorhanden ist. Nicht massenmedial vermittelte Werbung ist von den

Anbietern im Tourismussektor weniger steuerbar, aber dennoch effizient. Aufgrund fehlender wissenschaftlicher Untersuchungen zu face-to-face-Kommunikationsprozessen im Tourismussektor kann man nur unterstellen, dass durch Multiplikatoren wie Angestellte der Reisebüros, bereits gereiste Freunde, Kollegen, Nachbarn und Bekannte, Images und Erwartungen über Reizeziele kommunikativ vermittelt werden. Nach der Rückkehr wird der Reisende zu einer Informationsquelle mit hoher Attraktivität. Er kann „Insider-Tipps" und Informationen über besonders lohnende Aktivitäten vor Ort ebenso wie preiswerte Übernachtungsmöglichkeiten, gute Restaurants, interessante Kulturgüter etc. weitergeben. Gleichfalls kann er vor „Touristenfallen" warnen, die teuer waren und seine Erwartungen enttäuscht haben. In der sozialen Interaktion erwerben Reisende Prestige, und es gibt zum Teil ritualisierte oder standardisierte Kommunikationsformen, etwa in Form von persönlichen Schilderungen, Anekdoten, Urteilen und Vorurteilen, die mitunter auch zur Veranschaulichung in Filmen, Fotos und Dias fixiert werden, um Anderen[15] Urlaubserfahrungen vorzuführen (vgl. Gyr 1992: 34).

Dabei kann auch Sachgegenständen eine kommunikative Funktion zukommen, die insbesondere im sozialen Umfeld von Reisenden bedeutungsvoll ist. Souvenirs, Geschenke und Gegenstände aus der Fremde zeigen symbolisch, dass der Reisende in der Fremde war. Beispielsweise wird der Cowboyhut nicht als Kleidungsstück getragen, sondern hängt in einer deutschen Wohnung an der Wand, um zu zeigen, dass man ein solches Original im Westen der USA erworben hat. Gegenstände mit der kommunikativen Funktion, Urlaubsreiseerfahrungen zu bezeugen, erfahren dabei einen semantischen Verlust und werden aus für sie üblichen Kontexten gerissen. Eine Buddha-Figur aus Thailand verliert in Deutschland zumeist ihre religiöse Bedeutung, denn sie dient der Erinnerung an eine Fernost-Reise, hat aber keine religiöse Funktion mehr. Durch ihre fremdartige Beschaffenheit wird sie zur Besonderheit, die alle Besucher auf die Urlaubserfahrung der Gastgeber aufmerksam macht und ggf. Gespräche hierüber initiiert.

---

[15] Entgegen gültiger Rechtschreibregeln werden in dieser Arbeit substantivistisch verwendete Pronomen, die sich auf Menschen beziehen, groß geschrieben. Begründen möchte der Autor dieser Arbeit diesen Verstoß gegen gängige und gültige Regeln mit Worten von Edith Hallwass: "[...] mit einem kleinen a schrumpfen *die anderen* auf etwas Indefinitives, auf ein Häufchen Bedeutungslosigkeit zusammen – mit großem A heben sie sich deutlich vom Kontext ab. *Die Anderen* sind nicht mehr irgendwelche – es sind Menschen, die man beachtet" (Hallwass 1978: 330).

Es ist bislang wissenschaftlich kaum erforscht, was der zurückkehrende Reisende kommunikativ für würdig befindet, an Andere weiter zu geben und wie das Verhältnis von Erlebnis und Erzählung ist. Forschungsbedarf besteht ebenfalls darin, zu evaluieren, in welcher Weise vor dem Urlaub massenmedial-kommunikativ erzeugte Wahrnehmungsmuster sich auf den Wahrnehmungsprozess im Urlaubs auswirken und ob die face-to-face Kommunikation medialen Inszenierungen nacheifert oder eher demaskierend wirkt und sich von kollektiven Vorstellungen frei machen kann.

In diesem Kapitel wurde die Interdependenz von Kommunikation und Tourismus dargestellt. In der nächsten These werden Fragestellungen behandelt, die sich mit Inhalten und Funktionen von auf den Urlaub ausgerichteten Kommunikationsprozessen befassen: Was bewegt die Menschen zum Reisen? Was und wem begegnen Reisende im Urlaub? Welche kommunikativen Inhalte motivieren und demotivieren, sich auf eine Reise in die Fremde zu begeben?

These III:
Die kommunikativ vermittelten Bilder über den Fremden werden auf Reisen bestätigt und tragen in Abgrenzung zum Eigenen zur individuellen und kollektiven Identitätsfindung bei

Reisen bietet Möglichkeiten, Anderes aus erster Hand kennenzulernen. An sich sind Erfahrungen jedes Reisenden einzigartig und in ihren Details einmalig, d.h. unwiederholbar und unvergleichlich. Dennoch wird eine Gleichartigkeit von Erfahrungen unterstellt, die in die Kommunikationsprozesse über Reiseerfahrungen einfließen. Selbst wenn zwei Individuen die gleiche Situation „unter gleichen äußeren Erfahrungsbedingungen" erlebten, wären „die individuellen Erfahrungsinhalte verschieden" (Ungeheuer 1987: 290), da sich die Interpretation der Erlebnisse auf die subjektive und damit einzigartige Erlebniswelt des Einzelnen gründet. In menschlichen Wahrnehmungsprozessen wird die Komplexität der Sinneseindrücke reduziert, um Situationen schnell zu erfassen, die Unvorhersehbarkeit von Ereignissen zu bewältigen und handlungsfähig zu bleiben.

„Wäre da der geringste Verdacht, daß der Lauf der Natur sich ändern könnte und daß die Vergangenheit nicht Regel für die Zukunft wäre, so würde alle Erfahrung nutzlos und könnte zu keinerlei Folgerungen oder Schlüssen führen" (Hume 1750: 47 zitiert nach: Glasersfeld 1981: 31).

Was aus Erfahrungen geschlossen und abgeleitet wird, bezieht sich nicht auf Gegenstände der Welt, sondern immer auf Erfahrungen selbst. Da es keine uninterpretierten Tatsachen gibt, ist es unmöglich, unvoreingenommen der Wirklichkeit zu begegnen.

„Erfahre ich etwas, so erfahre ich es nie in seiner Wirklichkeit, sondern immer nur nach den Vorurteilen, die ich schon habe. Die komplizierte und nicht überschaubare Gesamtheit dieser Vorurteile bleibt nicht konstant und fest gefügt vorhanden, sondern ändert sich mit der auf mich einströmenden Erfahrung" (Ungeheuer 1987: 310).

Diese Gesamtheit der Vorurteile (vgl. den Beitrag von Heinze in I,2.3) als komplexes, sich wandelndes Erfahrungssystem nennt Ungeheuer „individuelle Welttheorie" (Ungeheuer 1987: 312). Jede Bedeutungszuweisung und Interpretation eines Sachverhaltes, eines Gegenstandes, einer Situation vollzieht sich vor dem Hintergrund der jeweils individuellen Welttheorie. Darauf greift das Individuum kontinuierlich mehr oder weniger bewusst zurück. Die „individuelle Welttheorie" berücksichtigt den Konstruktcharakter von Wirklichkeit. Durch Verständigung mit Hilfe von Kommunikation und dem Verstehen kommunikativer Akte bleibt die individuelle Welttheorie kein in sich geschlossenes System, sondern sie wird fortwährend ergänzt, modifiziert und erweitert.

Vordergründig geht es Reisenden um die „Entdeckung des Fremden". Viele Menschen begründen ihre Motivation, in den Urlaub oder in die Ferne zu reisen damit, etwas Anderes sehen und kennen lernen zu wollen. Wissenschaftlich betrachtet ist die „Neu- bzw. Wieder-Entdeckung" des eigenen Selbst eine ebenso wichtige Funktion des Tourismus, der sich Touristen jedoch nicht bewusst sind. Sie möchten ihre individuellen Denk- und Wahrnehmungsschemata nicht in Frage gestellt sehen – auch wenn Urlaub der Entdeckung des Neuen gelten soll. Deswegen müssen Angebote im Tourismusmarkt in einer Weise ausgestaltet werden, dass Reisende Vertrautes auch in einer ungewohnten Umgebung finden. Ein westlicher Tourist möchte in einem koreanischen Hotel nicht auf landesüblichen gepolsterten Matten übernachten, sondern in einem Bett mit Matratze. Bestimmte Gewohnheiten dürfen im Urlaub nicht aufgehoben werden. Ein Reisender wird die Erfahrung alternativer und bislang fremder Schlafmöglichkeiten weniger schätzen als den Komfort eines erholsamen Schlafes. Daher stellen sich Hotels in großen Städten im fernen Osten auf Bedürfnisse westlicher Touristen und Geschäftsreisender ein. Fremd darf sich der ferne Osten hingegen zeigen, wo es für Reisende angenehm, bequem und gefahrlos ist. Wenn zuschiebbare Holzelemente und nicht ein Vorhang das Hotelfenster lichtdicht schließen, wird sich der Tourist in der Regel über den fremdartigen Komfort freuen.

Reisen beinhaltet immer die Begegnung mit anderen Menschen, Kulturen, Gewohnheiten und Lebensumständen. Wie bereits gezeigt, spielen Massenmedien eine wichtige Rolle in der Produktion von Erwartungshaltungen, Leitbildern, Stereotypen und Klischees über die Fremdwelt jenseits der eigenen Lebenswelt. Wer sich auf eine Reise begibt, sucht nach einer Bestätigung der bereits vorab entstandenen „geistigen Bilder", den Images der Destination, denn der Tourist ist ein Erfahrungen und Erlebnisse sammelnder Voyeur, selbst wenn er häufig lediglich Dinge zu sehen bekommt, die er bereits aus Erzählungen, von Bildern, Filmen, aus den Medien und neuen Medien kennt. Was der Tourist in welcher Weise als „fremd" klassifiziert, ist entscheidend von der jeweiligen personalen und sozialen Identität abhängig.

„Bei der Begegnung zwischen differenten Sinnwelten stoßen daher immer auch unterschiedliche Konzepte und Wahrnehmungstraditionen von dem aufeinander, was als fremdartig gilt" (Schäffter 1991: 12).

Unterschiedliche Voraussetzungen gehen jeder konkreten Begegnung mit Fremden voraus. Ohne sie treten wir nicht miteinander in Kontakt. Es ist daher unmöglich, einem Anderen unvoreingenommen und voraussetzungslos zu begegnen, denn um das Anderssein des Fremden vorurteilslos erleben zu können, müsste man sich jedes Wissens, jeglicher Erfahrung und letztlich der eigenen Identität entledigen.

Das Fremde bestimmt sich nicht durch sich selbst, denn „Fremdheit" ist keine wesenhafte Eigenschaft von Dingen oder Menschen, sondern wird von Anderen zugeschrieben. Ebenso wie Schönheit keine Eigenschaft oder kein Wesensmerkmal ist, das ontologisch gegeben ist, ist auch Fremdheit ein relativer Begriff. Als fremd oder schön kann etwas oder jemand nur empfunden werden. Es ist also der Wahrnehmende und nicht der Wahrgenommene, der diese Arten von Kategorien konstruiert. Den oder das Fremde gibt es folglich als objektiv vorhandene Entität nicht, sondern lediglich die subjektspezifische Fiktion oder Interpretation des Anderen als Fremden – oder mit anderen Worten: Den „typisch" Fremden gibt es außerhalb der eigenen Vorstellungswelt nicht. Daher ist es auch unmöglich, objektive Kriterien für das Fremde bzw. den Fremden zu finden. Für die öffentliche Kommunikation der Anbieter touristischer Leistungen bedeutet dies, dass zur Darstellung in der Werbung nicht auf typisch fremde Eigenschaften, Merkmale und Personen zurückgegriffen werden kann. Vorstellungswelten über Fremdes können lediglich erzeugt werden, wenn der Rezipient wirkungsvoll hierzu angeregt wird. Da Fremdheit als individuelle Zuschreibung und Bewertung des eigenen Erlebens zu sehen ist, verweist sie stets auf eine spezifische Beziehung des Zuschreibenden und dem Objekt der Zuschreibung.

Fremdheit ist ein relationaler Begriff, „ein Beziehungsmodus, in dem wir externen Phänomenen begegnen" (Schäffter 1991: 12) und für dessen Bedeutung die
eigenen Anteile in der Beziehung berücksichtigt werden müssen. So kann man
nicht pauschal bestimmen, was oder wer fremd ist, sondern es lassen sich letztlich nur Aussagen über die verschiedenen Erscheinungsformen machen, „die
Art und Weise, wie es erscheint, und die Grenzen, in denen es erscheint" (Waldenfels 1997: 19). Der Fokus der Betrachtung muss sich folglich auf die Erscheinungsformen und die Wirkungen des Fremden richten, die Grundzüge
unseres Verhältnisses zum Fremden und die Kategorisierungen anhand derer wir
das als fremd Erkannte einordnen, bewerten und behandeln.

Die Selbstbeschreibung einer Person, einer Gesellschaft oder einer Kultur ist
nur in Abgrenzung zu dem möglich, was sie selbst nicht ist, also in Relation
zum Anderen. Das Selbst unterscheidet „sich selbst" vom Anderen durch den
Akt wechselseitiger Differenzierung. Das Selbst und das Andere stehen in dia-
lektischer Beziehung, „wonach die konzeptuelle Genese des Anderen ein Selbst,
aber auch die Entstehung des Selbst ein Anderes voraussetzt" (Nöth 1995: 58).
Die Feststellung einer Differenz ist bereits das Ergebnis einer Entscheidung, die
gleichzeitig das Selbst bestimmt und die Bedeutung des Anderen fixiert. Der
Andere wird dann zum Fremden, wenn aus der Differenzierung eine Differenz
gemacht wird, d. h. auf die Wahrnehmung eines Unterschieds folgt eine Bewertung des Unterschieds, der dann wiederum der Anlass für die Zuschreibung
von Fremdheit ist. Was als eigen und fremd unterschieden wird, hängt mit der
räumlichen Opposition von innen und außen bzw. Zentrum und Peripherie zusammen. Das Eigene ist dabei stets das einem Vertraute, das Nahe, der Zugang
zur Fremde ist schon aufgrund der räumlichen und innerlichen Ferne nicht einfach möglich. Wirklichkeit wird vornehmlich nach räumlichen Mustern und
Strukturen geordnet (vgl. Krause 1985: 88). Da sich der Mensch selbstverständlich als Zentrum der Welt betrachtet, ordnet sich die Welt um ihn herum in
Grade der Nähe und der Ferne. Das räumliche Ordnungsmuster von Zentrum
und Peripherie bzw. Nähe und Ferne ist somit maßgeblich am Aufbau und der
Sicherung von kultureller Identität beteiligt. Fremd ist, was als außerhalb oder
als am Rande der eigenen Sphäre existierend wahrgenommen wird. Der Fremde
als nicht dem Eigenen bzw. dem Inneren zugehörig, ist immer in Bezug auf
einen stets variablen Kontext des Eigenen z. B. eine Person, ein Weltbild oder
eine Kultur als außerhalb zu verorten. Die Zurechnung zum Äußeren geht immer mit der Ausgrenzung des nunmehr Außenstehenden einher. Je differenzierter und vielfältiger die Kriterien der Eingrenzung sind, desto zahlreicher sind
auch die Kriterien der Ausgrenzung und damit einher gehend auch die Fremd-

heitstypen (vgl. Hahn 1992: 54). Die Festlegung von Innen und Außen und damit Inklusion und Exklusion ist konstitutiv für Gesellschaften. Es geht immer darum, wer oder was dazu gehört und wer oder was nicht.

Diese auf das Individuum bezogenen Konstruktionsprozesse von Eigen und Fremd, von Innen und Außen, von Nähe und Ferne finden sich ebenso auf der gesamtgesellschaftlichen Ebene wieder. Die Konstruktion von Fremdheit erfolgt nicht willkürlich, sondern basiert auf in der Sozialisation erlernten Deutungsschemata, die immer als Grundlage für individuelle Wirklichkeitskonstruktionen dienen. Es sind die eigenen Wahrnehmungsstrukturen und Erfahrungsmöglichkeiten bzw. -unmöglichkeiten, die uns Phänomene der inneren und äußeren Wirklichkeit als fremd erscheinen lassen und uns mit dem Erlebnis des Befremdet-Seins konfrontieren. In den befremdlichen Erlebnissen zeigt sich nicht der fremdartige Charakter eines Phänomens, sondern die Disposition der eigenen Wahrnehmungs- und Deutungsschemata einer Person, Gruppe oder Kultur. Zur Herausbildung und Erhaltung dessen, was in der eigenen Kultur als typisch und normal gilt, sind Bilder, die man vom Fremden entworfen hat, konstitutiv. Ohne Fremdes gäbe es kein Eigenes. Das Eine ist gleichzeitig Bedingung und Ergebnis des Anderen. Voraussetzung hierfür sind Beobachtung, Kontakt und Kommunikation. Nur durch die Wahrnehmung einer Differenz bzw. Andersartigkeit von Menschen oder Kulturen und den sich anschließenden Akt der Ausgrenzung kann sich Eigenes herausbilden und erhalten. Die Unterscheidung und die Wahl der Kriterien, die zur Eigen- und Fremdkonstruktion herangezogen werden, sind permanent variabel, da sie lediglich aus einer Vielzahl an Entscheidungsmöglichkeiten gewählt wurden. Touristische Aktivitäten haben insofern eine soziologisch und psychologisch hoch bedeutende Funktion, denn sie tragen zur Bildung, Findung und Erhaltung individueller und kollektiver Identitäten bei. In der Urlaubszeit suchen Menschen die Bestätigung ihrer Vorstellungen über den Fremden und das Fremde. Sie erhalten durch die Auseinandersetzung mit ihm ein schärfer konturiertes Eigenbild. Diese geschärften Selbstbilder betreffen sowohl die eigene Person als auch die im heimatlichen Kulturkreis gängigen Selbstkonzepte in Denken, Handeln und Empfinden.

Es ist sinnvoll zu untersuchen, welche Bezüge zwischen Eigenem und Fremdem sich am wirkungsvollsten einsetzen lassen, um Urlauber dazu zu bewegen, die vertraute Umgebung zu verlassen und sich auf eine Begegnung mit dem Fremden einzulassen. Da die Gründe für touristischen Konsum vielfältig und multi-motivational sind, sollen sie nicht im Einzelnen aufgeführt werden, sondern unter zwei großen Kategorien subsumiert werden.

Freyer (1997: 143 ff.) zeigt zwei Grundrichtungen auf, die Menschen zum Antritt einer Reise bewegen:

1. Unter „Weg-von-Reisen" werden alle Motive subsumiert, die dem Reisenden suggerieren, dem Alltag zu entfliehen, Defiziten der Heimwelt für eine bestimmte Zeit zu entkommen, Tourismus als „Gegenwelt" der eigenen Lebenswelt erleben zu können.

2. Unter „Hin-zu-Reisen" sind alle Motive zu verstehen, die eine Komplementärhaltung des Reisenden versprechen. Die Reise ist eine Suche nach Authentizität, nach Selbstverbesserung und Neuem und dient der symbolischen Selbstergänzung.

Um die Erwartungen sowohl der „Weg-von"- als auch der „Hin-zu"-Reisenden erfüllen zu können, muss das Fremde, das bereist wird, in entsprechender Weise ausgestaltet werden. Eine Reise in die böse und bedrohliche Fremde, in der Reisende um Hab, Gut und Leben bangen müssen, wird außer in der Marktnische „extreme Abenteuerreise" eher auf geringe Nachfrage treffen. So lässt sich auch rückwirkend eine Erklärung zu den in der ersten These dargestellten Sachverhalten finden, warum das Reisen bis in die Moderne als beschwerlich, unangenehm und unbeliebt galt. Reisen waren weder kommunikativ noch in ihrer Ausgestaltung in dieser modernen Weise aufbereitet und abgesichert, sondern setzten das Eigene permanent Bedrohungen aus. Reisen waren eine Gefahr für Leib und Seele, und zum Reisen gehörte Mut. Reisende mussten zuversichtlich sein, Gefahren für Körper und mitgeführten Besitz abwenden zu können. Darüber hinaus mussten sie die psychische Stabilität besitzen, sich dem Fremden zu nähern und sich auf die Fremden einzulassen. Reisende, die ihre Heimat verließen, gingen aus der vertrauten Umgebung in die unsichere Fremde. Dort, wo die Anderen sich kennen, wird der Reisende selbst zum Fremden. Mittlerweile sind Reisen in die Fremde mehrfach abgesichert und risikominimiert. Es gibt Versicherungen für materielle Güter, Passagen und Unterkünfte sind bestens organisiert, und über fremde Sitten werden Reisende von der Reiseleitung informiert.

Zusammenfassend wurde in dieser These gezeigt, dass es sich bei dem Fremden nicht um eine objektive Gestalt handelt, sondern um eine Imagination. Diese Imagination wird entwickelt aus dem Eigenen, und der Kontakt zum Fremden beginnt genau an den Grenzen zwischen Eigenem und Fremdem. Die im Tourismusmarkt gebräuchlichen Medien produzieren Bilder des Fremden in einer bestimmten, positiv besetzten Weise, um Menschen zu bewegen, in Kontakt mit Fremden zu treten. So kann der Mensch durch Reisen dazu gebracht werden, seine Erfahrungen und seinen Horizont zu erweitern, wenn er bereit ist, die Ebene der eigenen Gewissheiten zu hinterfragen und zu übertreten.

These IV:
Anhand von vier Spannungsbögen lassen sich Urlaubsmotive aufzeigen, die nach subjektivem Gefallen der jeweiligen Zielgruppe kommunikativ ausgestaltet werden

In diesem Kapitel werden die drei Thesen miteinander verknüpft, um zu zeigen, aus welchen Einzelfaktoren sich die Motivation ableiten lässt, einen Urlaub anzutreten und welche inneren und äußeren Bilder das Tourismusmarketing aktivieren und aktualisieren muss, um Nachfrage bei Konsumenten zu erhalten. Bilder über das Fremde sind ebenso plural wie die Kommunikationskanäle und die daraus resultierenden Werbebotschaften. Um zu zeigen, auf welchen unterschiedlichen Ebenen Menschen angesprochen werden, um ihr Geld in einen Urlaub zu „investieren", werden nachfolgend vier Spannungsbögen vorgestellt. Zwischen den Polen dieser Spannungsbögen schwankt – je nach individuellen Präferenzen – das subjektive Empfinden der Urlauber, etwas Neues zu erleben. Maßnahmen im Tourismusmarketing können genau an diesen Spannungsbögen ansetzen, um inhaltliche Botschaften für die massenmediale Kommunikation zu gestalten. Die jeweilige Kombination unterschiedlicher Vorstellungen als Segmente eines Ganzen („gelungener Urlaub") kann in der Werbung gezielt eingesetzt werden, um Wünsche unterschiedlicher Kundenzielgruppen zu bedienen.

1. Spannungsbogen: Passivität als Lösung von Bildungen und Pflichten versus Aktivität als Erlebnisräume jenseits des Alltags

Reisen bietet Menschen Möglichkeiten, sich selbst (neu) zu finden und sich je nach individueller Vorliebe von Bindungen und Pflichten des (Arbeits)-Alltags zu befreien. Dabei soll das Fremde zwei eigentlich entgegengesetzte Positionen in sich vereinigen, um für Urlauber attraktiv zu sein. Auf der einen Seite möchten Touristen jenseits von Zwängen und Pflichten leben und keinen Zeitdruck verspüren. Andererseits darf der kostbare Urlaub auch nicht zu einer öden und uninteressanten Zeitspanne werden, in der die Zeit nicht vergeht. „Passivität" wird im Urlaub zu Erholung, Entspannung, Wellness und zu Wohlfühlen umgedeutet und nicht als Langeweile oder Trägheit verstanden. Auch „Aktivität" wird lediglich positiv verstanden; sie ist losgelöst von Pflichten, Anstrengungen und Arbeit. Im Urlaub kann endlich denjenigen Aktivitäten nachgegangen werden, für die zu Hause nicht genügend Zeit oder Raum zur Verfügung steht.

Aktivität ◄──────────► Passivität

Im Urlaub möchte man etwas erleben und interessiert sich vermehrt für Angebote aus den Bereichen Sport, Konsum und Kultur. Die Art und Weise, wie dieses Erlebnis ausgestaltet werden soll, zeigen die Pole des zweiten Spannungsbogens an, der sich ebenfalls auf Sachdimensionen des Urlaubs bezieht.

2. Spannungsbogen: Luxus und Komfort versus Bescheidung und Ursprünglichkeit

Urlaub dient ebenso dazu, sich bestimmte Bedürfnisse zu erfüllen, die man sich auf Dauer im Alltag nicht leisten kann. Manche Menschen sparen das ganze Jahr, um sich einen Urlaub nach ihrem Geschmack leisten zu können. Andere Menschen nutzen Urlaub dazu, ihre gesellschaftliche Position deutlich zu machen, indem sie zeigen, welchen Luxus sie sich leisten können. Komfort ist im Urlaub gefragt. Das Außergewöhnliche, das man im Alltag vermisst und nach dem man sich sehnt, kann im Urlaub verwirklicht werden. Angebote, die Luxus auf verschiedenen Ebenen suggerieren oder auch tatsächlich bieten, reizen viele Menschen dazu, in den Urlaub zu fahren.

Auf der anderen Seite kann Urlaub ebenso darauf abzielen, sich zu bescheiden und von der Zivilisation abzuwenden. Für den begrenzten Zeitraum des Urlaubs finden manche Reisende eine Unterkunft ohne fließendes Wasser und Strom geradezu attraktiv. Es entspricht ihrem Bedürfnis, Natur und Ursprünglichkeit (wieder) zu entdecken. Im Urlaub können sie auf Annehmlichkeiten moderner Technik bewusst verzichten, um sich in Bescheidenheit zu üben und ein natürlich(er)es Lebensgefühl zu entwickeln. Beim Urlaub im australischen Outback möchten diese Urlauber nicht die Luxusvilla mit Klimaanlage und Waschmaschine bewohnen, weil sie gerade auf der Spur der Ureinwohner wandeln – und deren Lebensphilosophie zeitweise zur eigenen machen möchten.

Der zweite, ebenfalls sachorientierte Spannungsbogen bezieht sich somit auf die Pole Luxus versus Bescheidung:

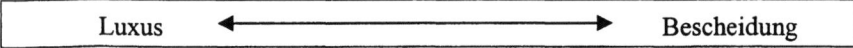

Luxus ◄──────────► Bescheidung

Fügt man nun alle vier Spannungspole der Sachdimension in einem Koordinatensystem zusammen, entsteht folgendes Bild:

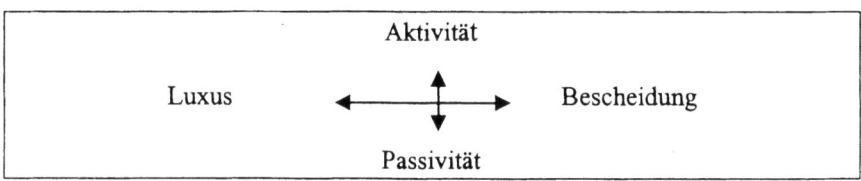

Auf der Sachebene können Reisewillige also von einem Angebot angesprochen werden, dass entsprechenden Luxus bei viel Aktivität anbietet, etwa ein Urlaub in einem Fünf-Sterne-Sporthotel. Gleichfalls wäre z. B. der Urlaub auf einer Schönheitsfarm ein Urlaub, der zwar viel Luxus bietet, aber einem Bedürfnis nach Passivität entspringt. Der Urlaub in einem Kloster wirkt eher auf Menschen einladend, die zwar Passivität schätzen, aber keinen Luxus wünschen, sondern sich bescheiden wollen. Ein Abenteuerurlaub zwingt die Teilnehmer ebenfalls dazu, sich zu bescheiden, lockt aber Menschen, die Aktivität im Urlaub präferieren. Zu Marketingzwecken kann man alle Urlaubsangebote in diesem Koordinatensystem an einer bestimmten Stelle verorten. Hierzu könnte man sie mathematisch etwa wie folgt benennen, wobei Ux für den jeweiligen Urlaub steht und die Zahlenwerte für Positionen auf der x- und y-Achse des Koordinatensystems: U1 =(-10,5/+3,7) ; U2 = (+5,2/+0,3); U3 = (-10,5/-7,2) etc. U1 könnte dann für einen Urlaub stehen, der zwar viel Luxus, aber nur mäßige Aktivität anbietet, etwa eine Luxuskreuzfahrt. Um nicht für jeden Urlaub ein neues Marketingkonzept entwickeln zu müssen, könnte man über dieses mathematische System bestimmte Urlaubstypen in Gruppen auf die oben dargestellte Weise clustern und entsprechende Kampagnen hierfür erarbeiten. Die Sachdimensionen werden so zwar erfasst, jedoch müssen noch die sozialen Aspekte im Rahmen von zwei weiteren Spannungsbögen betrachtet werden.

3.   Spannungsbogen: Ich-Findung   versus   sozialer   Austausch

Urlaub dient neben dem Konsum von Sachwerten auch dem inneren Erleben. Im Urlaub sind Menschen dem Alltagstrott entrückt und werden sich vermehrt ihrem eigenen Selbst und ihren Beziehungen zur Umwelt bewusst.

So kann Urlaub den Sinn haben, sich selbst neu zu finden oder auch dazu genutzt werden, neue Kontakte zu anderen Menschen aufzunehmen.

An dieser Stelle ist eine weitere wesentliche Beziehung zwischen Kommunikation und Tourismus aufzuzeigen, die über die bereits dargestellten Zusammenhänge hinaus führt. Der Sozialphilosoph George Herbert Mead beschreibt in seiner Theorie, die von seinem Schüler Herbert Blumer „symbolischer Interaktionismus" benannt wurde, die Tatsache, dass Menschen individuell mit der Fähigkeit ausgestattet sind, Bewusstsein zu entwickeln. Der Mensch entwickelt Bewusstsein für sich selbst und kann von seinem Leben abstrahieren, um ein Erleben zu erfahren und zu denken. Das ist möglich, weil der Mensch organisch und kognitiv in der Lage ist, sprachlich zu agieren. Zwischenmenschliche Kommunikation funktioniert auf Basis bedeutungs-tragender Spracheinheiten, die Mead als signifikante Symbole bezeichnet.

„Wir befassen uns hier besonders mit der Intelligenz auf der menschlichen Ebene, d. h. mit der gegenseitigen Anpassung der Handlungen verschiedener menschlicher Wesen innerhalb des menschlich-gesellschaftlichen Prozesses; eine Anpassung, die durch Kommunikation abgewickelt wird: durch Gesten auf den niedrigeren Ebenen der menschlichen Entwicklung und durch signifikante Symbole (Gesten, die einen Sinn haben und daher mehr als bloße Ersatzreize sind) auf den höheren Entwicklungsstufen" (Mead 1993: 115).

Menschen haben ein Selbst-Bewusstsein und (er)leben sich und ihre Mitmenschen als bewusstes Sein (vgl. Mead 1993: 157 ff.). Menschen können sich also selbst als Objekt sehen, da sie aufgrund ihres Bewusstseins Vorstellungen darüber haben, wie andere Menschen sie betrachten. Nach Mead lernt das Kind im Spiel, verschiedene Rollen auszuprobieren und zu übernehmen und sich damit in die Perspektive Anderer hineinzudenken. Kinder erproben beispielsweise im „Vater-Mutter-Kind"-Spiel gesellschaftliche Rollenmuster und zeigen damit, wie sie abstrahieren. Sie erleben ihre eigenen Eltern und sich selbst (als Kind) in bestimmten, gesellschaftlichen Rollen und müssen differenzieren lernen zwischen Persönlichkeitsmerkmalen der eigenen Mutter und dem allgemeinen Rollenbild einer Mutter. Kinder erproben im Spiel den Umgang mit gesellschaftlich entworfenen Rollen, indem sie ihre Puppe oder ein anderes Kind die Rolle des Kindes übernehmen lassen und selbst für kurze Zeit Rollenmuster einer Mutter ausprobieren und einüben. Die Fähigkeit, abstrahieren und verallgemeinern zu können, geht diesem Spiel, in dem Rollen eingeübt werden, voraus. Durch diese Fähigkeit zur Verallgemeinerung ist es dann möglich, eine Stellungnahme zur eigenen Identität zu beziehen: Das Selbst bildet sich durch diese Rollenübernahme. Die beiden Aspekte der Ich-Identität, das "I" und das "Me", sind hierbei wichtig.

„Das ‚I' steht immer für die spontane und kreative, mithin unberechenbare und nicht vorhersagbare Seite des Subjekts. [...] Das ‚Me' stellt demgegenüber die Seite des Subjekts dar, die von außen geprägt ist und die versucht, den Anforderungen der es umfassenden Gesellschaft zu erfüllen" (Garz 1989: 68).

Mead „faßt das ‚me', welches sich jeweils als von mir wahrgenommenes Bild meiner Person beim Interaktionspartner einstellt, in seiner Abhängigkeit von der Vielfalt der Interaktionssituationen. Aufgabe der Identität ist es dann, die zahlreichen, immer neuen ‚me's aktiv zu synthetisieren zu einem einheitlichen Selbstbild" (Joas 1980: 107).

Der Mensch muss das ‚I' und das 'Me' miteinander in Einklang bringen, um sein Selbst zu entwickeln. So etabliert sich das Verhalten eines ‚generalisierten Anderen'. Dieser Begriff fokussiert einerseits die institutionelle Seite des gesellschaftlichen Einflusses bestimmter Rollen und Gruppen auf die Entwicklung der Identität und darüber hinaus die menschliche Fähigkeit, das eigene Selbst aus einer distanzierten Perspektive zu reflektieren. Der symbolische Interaktionismus zeigt damit Zusammenhänge der Genese von Bewusstsein, Identität und sprachlicher Intersubjektivität auf. Subjekte stehen in gesellschaftlich vorgefertigten, aber offenen Möglichkeiten der Entwicklung und Strukturierung von Realität, d. h. diese Genese ist eingebunden in einen sozialen Kontext. Menschen können durch Interaktion ihre Realität ständig verändern. Dabei dienen die gemeinsam produzierten Symbole als eine allgemeine Orientierungsgrundlage, die jederzeit revidiert werden kann. Menschen sind daher nicht einer konkreten Situation ausgeliefert, sondern handeln mit ihren Mitmenschen immer neu eine Situationsdefinition aus.

Gerade im Urlaub wandelt sich die Umwelt des Menschen. Er trifft auf andere Personen, die sich ebenfalls von den Zwängen des Alltags befreit haben und bereit sind, soziale Kontakte aufzunehmen. Jeder Urlaub bietet Touristen Gelegenheit(en), neue Rollen auszuprobieren und sich von einer anderen Seite zu zeigen, denn man ist nicht auf konkrete Persönlichkeitsmerkmale festgelegt. Im Urlaub kann ein ernster und pflichtbewusster Mensch sorglos, frei und locker agieren. Nach dem Urlaub wird er jedoch vermutlich wieder in seine gewohnte (soziale) Umwelt zurückkehren und die ihm bisher zugeschriebenen Rollen weiterhin ausfüllen.

Menschen können im Gegensatz zu Tieren den Sinn ihrer Handlungen reflektieren und Verhaltensmuster bedingt verändern. Auf diesen Gedanken aufbauend, konstatiert Helmuth Plessner die anthropologische „Exzentrität" (Plessner 1975: 291 f.) des Menschen, die darin besteht, dass der Mensch die zentrische Perspektive des Tieres zu durchbrechen vermag. Der Mensch ist ein instinktarmes, aber weltoffenes Lebewesen, dessen Verhaltensrepertoire nicht nur durch natürliche Triebe und Instinkte festgelegt ist, sondern das seine Existenz reflektieren und Handlungskonsequenzen antizipieren kann (vgl. Gehlen, 1975: 21 f.). Den existentiellen Unterschied fasst Plessner wie folgt zusammen: „Er [Der Mensch; U.L.] lebt und erlebt nicht nur, sondern er erlebt sein Erleben" (Plessner 1975: 292).

Tourismuswissenschaft und insbesondere das Tourismusmarketing können auf soziologischen Erkenntnissen des symbolischen Interaktionismus aufbauen. Menschen sind dazu motivierbar, jenseits ihrer gewohnten Umwelt, neue Rollenaushandlungen vorzunehmen und sich selbst und ihre Mitmenschen in einer anderen Weise wahrzunehmen. Werbung sollte darauf abzielen, Touristen neue Erlebnisperspektiven in Bezug auf sich selbst und Andere zu eröffnen. Daher lautet der dritte, auf eine soziale Dimension bezogene Spannungsbogen wie folgt:

Der vierte, noch aufzuzeigende Spannungsbogen ist eng verwoben mit dem dritten, denn auch er bezieht sich auf die soziale Dimension des Tourismus.

4.   Spannungsbogen: Wir-Findung und kollektiver sozialer Austausch

Im Gegensatz zu dem individuell ausgerichteten dritten Spannungsbogen, bei dem der Einzelne seine eigene Ich-Identität findet und stärkt bzw. seine Position in einer sozialen Gemeinschaft aushandelt, ist der vierte Spannungsbogen auf kollektive Empfindungen bezogen.

Menschen definieren sich nicht nur über sich selbst, sondern auch über Zugehörigkeiten zu sozialen Gruppen und sehen sich als Teil einer Gemeinschaft. Tourismus kann und soll dazu dienen, die Werte der eigenen Gemeinschaft in Abgrenzung zu denen der Gastgeber zu erleben und das kollektive Wir-Gefühl der Reisenden zu bestärken. In der Fremde entsteht ein starker Bezug zum Eigenen, und man besinnt sich auf Gemeinsamkeiten.

Menschen haben sich seit jeher immer in Abgrenzung zu den anderen „Sie-Gruppen" als Mitglieder einer „Wir-Gruppe" definiert. Sie identifizieren sich mit sozialen, religiösen Gemeinschaften, ethnischen Gruppen, Völkern, Nationen und Kulturen. Die Kriterien, anhand derer Menschen ihre kulturellen Zugehörigkeiten definieren, sind allerdings variabel. Da im Laufe der Zeit aus gemeinsam gemachten und überlieferten Erfahrungen intersubjektiv gültige Verhaltensweisen und Einstellungen, die die soziale Wirklichkeit einer Gemeinschaft bestimmen, emergieren, ist eine Kultur von ihrer geschichtlichen Entwicklung nicht zu trennen.

Die „Zivilisationsmuster des Gruppenlebens, um alle besonderen Wertungen, Institutionen, sowie Orientierungs- und Führungssysteme zu bezeichnen (z.B. Volksweisen, Sitten, Gesetze, Gewohnheiten, Bräuche, gesellschaftliches Benehmen, Mode)" (Schütz 1972: 54) charakterisieren und konstituieren eine soziale Gruppe. Dieser Auffassung nach sind es vornehmlich die gemeinsamen Lebensgewohnheiten, Traditionen und Sitten, die eine Gruppe verbinden und die innerhalb der Gruppe tradiert werden. Kultur wird also nicht vererbt sondern erlernt. Spezifische Unterschiede oder Ähnlichkeiten von Menschen verschiedener Kulturen erkennt man an deren erlernten Denk- und Verhaltensmustern. Auf das Individuum wirken im Wesentlichen zwei Faktoren ein: biologisch-genetische Bedingungen und die Sozialisation. Trotz Vererbung vieler menschlicher Qualitäten ist der wesentliche Teil an Gewohnheiten, Denkstilen und Gebräuchen kulturell. So ist das Bedürfnis zur Nahrungsaufnahme eine biologische Notwendigkeit, wobei die Art und Weise der Nahrungsaufnahme kulturell geprägt ist. Amerikaner essen zum Frühstück Pfannkuchen, Kartoffeln, Eier, Würstchen und Speck und benutzen dabei Messer und Gabel. Japaner frühstücken Reis, (Miso-)Suppe und kalten Fisch mit Essstäbchen. So gibt es in jeder Kultur Denk-, Handlungs- und Verhaltensmuster, die zu einem gewissen Grad vorgeben, was als ‚normal' für eine Gesellschaft erachtet wird. Gerade im Bereich der Essgewohnheiten, der Musik, Literatur und Mode u. ä. sind die Einflüsse verschiedener Kulturen aufeinander enorm. Auch dies ist eine Folge der immer weiter fortschreitenden Globalisierungsprozesse, der Verfügbarkeit über immer weitere Räume der Erde. Der moderne Tourismus bietet Menschen Möglichkeiten, Sitten und Gebräuche anderer Kulturen kennen zu ernen. Fraglich ist, inwiefern Menschen als Touristen bereit sind, sich auf fremde kulturelle Praktiken wirklich einzulassen. Oftmals erhalten Reisende nur einen oberflächlichen Blick vor die Kulissen oder eine inszenierte kulturelle Darbietung, die Bestandteil eines Reiseprogrammes ist. Sie werden sich in ihrem Urlaub nicht tiefer darauf einlassen, kulturell anders ausgestaltete Handlungsweisen anderer Menschen zu erlernen. Dennoch erfüllen touristische Aktivitäten soziologisch und psychologisch wichtige Funktionen, denn sie dienen der kollektiven Identitätssicherung. Identität von Personen, Gruppen und Kulturen kann nur durch Beobachtung, Kontakt und Kommunikation mit anderen entstehen. Selbst wenn der organisierte Pauschaltourismus (insbesondere in der Form des Cluburlaubs) nur begrenzten Kontakt zu Einheimischen in der Ferne ermöglicht, ist es aufschlussreich zu hinterfragen, welche Werte, Gewohnheiten und kulturellen Merkmale etwa innerhalb der Clubmauern vor fremden Einflüssen geschützt werden, um das kulturell Eigene zu wahren. Auch die Meidung einer tiefer gehenden Interaktion mit dem Anderen ist letzten Endes eine Stellungnahme, nämlich die, das Fremde als Inferior zum Eigenen zu betrachten und es daher bewusst oder unbewusst auf Abstand zu halten, um nicht damit konfrontiert zu werden. Wer Aktivität unter heimischen Wertorientierungen auch in der Ferne erleben möchte, wird sich für einen Cluburlaub entscheiden, denn es geht bei dieser Reiseform nicht primär um Interaktion mit Menschen einer fremden Kultur, sondern Wahrung eigener Praktiken an einem anderen Ort. Diese Urlaubsform hat den Preis, lediglich über eingeschränkte Mobilität am Urlaubsort verfügen zu können, denn jenseits des Clubs befindet sich in der Wahrnehmung des Reisenden oft „nichts", da man die Fremde oft gar nicht wahrnehmen möchte. Im Gegensatz zu dieser Reiseform ist dem Individualreisenden die fremde Kultur in den Programmen der Reiseveranstalter zumeist zu organisiert und inszeniert. Er sucht den Kontakt zu Einheimischen, will Authentizität erleben und begibt sich daher alleine auf eine Reise in die Fremde. Kein Reisender kommt umhin, seine ihm eigene kulturelle Stellungnahme zur eigenen und zur fremden Kultur auszudrücken.

„Kultur ist das, was in der Auseinandersetzung mit dem Fremden entsteht, sie stellt das Produkt der Veränderung des Eigenen durch die Aufnahme des Fremden dar" (Erdheim 1992: 734).

Kulturen sind keine geschlossenen Einheiten. Jede Kultur verfügt über Institutionen, Regulationsmechanismen und Rituale, die den Kontakt und die Auseinandersetzung mit dem Fremden gewährleisten und erleichtern: Neben Kunst, Wissenschaft, Sport, Politik und Diplomatie sind dies Regeln der Gastfreundschaft, Begrüßungs- und Verabschiedungsrituale und das ubiquitäre Inzesttabu (vgl. Erdheim 1992: 734 f.). Fremdheit ist, wie in These III bereits erläutert, als Differenz zum Eigenen zu begreifen. Ergänzend ist festzustellen, dass Fremdheit gleichfalls als ein Prozess der Verinnerlichung des Äußeren und Entäußerung von Innerem zu verstehen ist. Notwendig hierzu ist die Bereitschaft, sich auf Fremdes einzulassen. Durch Aneignung des Fremden in Form von Wissen und Erkennen von eigenen Entwicklungsmöglichkeiten wird eine strukturelle Selbstveränderung ermöglicht. Identität entsteht dann als Entwicklungsprozess durch wechselseitige Assimilation und Integration. Dem Fremden erwächst die „Funktion eines externen Spielraums" (Schäffter 1991: 22). Es enthüllt Nischen und ungeahnte Möglichkeiten und dient als Ergänzung und Ressource des Eigenen. Damit ist die Vorstellung verbunden, dass sich das Fremde durch Vereinnahmung und Verinnerlichung in Abhängigkeit von den Aufnahmemöglichkeiten gänzlich in Eigenes transformieren lässt.

Die Grenzen werden hier an mangelnden Adaptionsmöglichkeiten erfahrbar. Ein Reisender, der sich für buddhistische Philosophie interessiert und seinen Urlaub in einem thailändischen Kloster verbringt, übernimmt zwar – zumindest teilweise – buddhistische Lebensweisen. Allerdings handelt es sich hierbei lediglich um eine Spielform meditativer Praktiken, die der Tourist für begrenzte Zeit in der neuen Umgebung ausführt. Ein Tourist kann die fremde Sinnwelt nicht erschließen, weil gesellschaftliche Wertesysteme zweier Kulturen nicht ohne weiteres ineinander übersetzbar sind. „Doch ein europäischer Buddhist bleibt ein Europäer, der sich zum Buddhismus bekehrt hat" (Waldenfels 1990: 63).

Fremdes erlangt auch hier nicht als vollständige Sinnwelt seine Geltung. Im Falle der Erkenntnis fremder Besonderheiten werden diese, losgelöst von ihrem bisherigen Bezugsrahmen, in Kategorien des Eigenen integriert. Daher ist das Fremde gleichzeitig konstitutiver Bestandteil des Eigenen, da es in dieser Weise zur Bildung von Identität benötigt und letztlich wiederum als Differenz zum (inneren) Eigenen betrachtet wird.

An die vorangegangenen Ausführungen sind systemtheoretische Überlegungen anschließbar, um zu weiteren Einsichten zu gelangen. Niklas Luhmann beschreibt in seiner „Systemtheorie" (vgl. Luhmann 1993), dass eine willkürliche Grenzsetzung zwischen System und Umwelt durch einen Beobachter eine perspektivische Betrachtung und Differenzierung zwischen System und Umwelt ermöglicht. Will man das Eigene nun als ein soziales System begreifen, weil die Grenze so gesetzt ist, dass das Fremde zur Umwelt wird, gelangt man zu praktischen und wissenstheoretischen Problemfeldern. Die Vorstellung einer strikten Separation des Eigenen und des Fremden lässt sich für moderne Gesellschaften, die sich funktional immer mehr ausdifferenzieren, nicht aufrechterhalten. Die Vielzahl unterschiedlicher, eigenständiger Perspektiven und Möglichkeiten der Konstruktion und Interpretation von Wirklichkeit lässt sich heute im Zuge von fortschreitenden Globalisierungsprozessen nicht mehr leugnen. Inneres und Äußeres sind ein sich wechselseitig relativierendes und bestimmendes Moment in einem fortwährenden Prozess der Ausdifferenzierung.

Man müsste also die internen Differenzierungen, die Luhmann als „Systemdifferenzierungen" (Luhmann, 1993: 258) bezeichnet, näher betrachten. Die interne Differenzierung ergibt sich aus der „autopoetischen Reproduktion". Autopoeisis ist ein von Humberto Maturana geprägtes Kunstwort, das sich aus dem Griechischen autos (Selbst) und poesis (Schöpfung) zusammensetzt und sinngemäß mit Selbsterzeugung übersetzt werden kann (vgl. Reese-Schäfer 1992: 46). Luhmann greift auf den Begriff der autopoetischen Systeme zurück, um zu zeigen, dass ein System „von seiner Eigendynamik her auf seine Fortsetzung ausgerichtet ist" (Reese-Schäfer 1992: 47). Dieser Begriff meint also nicht, dass ein System sich aus dem Nichts selbst schafft. Autopoetische Systeme, die fortwährend Bestand haben möchten, müssen mehrere Eigenschaften aufweisen: Sie müssen sich reproduzieren und von ihrer Funktionalität her möglichen veränderten Umweltbedingungen anpassen. Dies wird über interne Differenzierungen erreicht.

> „Der Zusammenhang von Reproduktion und Differenzierung wird einsichtig, wenn man Reproduktion nicht als identische oder fast identische Wiederholung des Gleichen (z.B. als Ersatz von Beständen) versteht, sondern als laufende Neukonstituierung anschließbarer Ereignisse" (Luhmann 1993: 258).

Dies ist allerdings nur in dynamischen offenen Systemen möglich, in denen es kein übergeordnetes Ganzes als Bezugspunkt mehr gibt und verschiedene Bezugssysteme aufeinander treffen, die Umwelten füreinander bilden, so dass ihre Differenz als solche erhalten bleibt. Die einzelnen Systeme lassen sich auf Grund ihrer Komplexität nicht mehr unter ein übergreifendes Metasystem subsumieren (vgl. Schäffter 1991: 25 f.).

Die für viele Wissenschaften zentral gewordene Systemtheorie, die insbesondere für die Kommunikationswissenschaft zu einem zentralen Erklärungsmodell geworden ist, lässt sich auch in der Tourismuswissenschaft anwenden. Kulturelle Pluralisierung und funktionale Differenzierung sind kennzeichnend für moderne Gesellschaften, so dass eine umfassende Inklusion aller Mitglieder nur über eine funktionale Integration in unterschiedliche Teilbereiche als einander Fremde in das Gesellschaftssystem möglich wird. Der Einzelne ist hier in die verschiedenen arbeitsteiligen Systeme nicht mehr als Person, sondern als Träger von Funktionen (Tourist/Gastgeber) integriert. Systemtheorie fasst Menschen nicht als Personen, sondern betrachtet sie als „psychophysische Systeme", die je nach Grenzsetzung zwischen System und Umwelt aus unterschiedlichen Perspektiven betrachtet werden können. Eine systemtheoretisch-funktionale Herangehensweise würde tourismuswissenschaftlichen Forschungen mit Sicherheit zu weiteren Erkenntnissen verhelfen.

Sowohl mit dem Symbolischen Interaktionismus als auch der Systemtheorie lässt sich zeigen, dass dem Touristen in der Begegnung mit anderen Sinnwelten, mit dem Fremden, seine eigene kulturelle Disposition deutlich wird. Er kann sie erkennen, sich auf sie berufen und sich bestärken, diese als positiv besetzt zu erleben. Der deutsche Tourist, der in seinem Alltagsleben an den eigenen Wertvorstellungen festhalten möchte und in Japan Urlaub macht (oder dort auf einer Geschäftsreise ist), wird erstaunt entdecken, dass Reis, Suppe und roher Fisch für einen Japaner ein „normales" Frühstück ausmachen. Der Tourist, der sich kulturell öffnet, wird möglicherweise ein solches Frühstück probieren und in der Regel zu der Erkenntnis gelangen, dass ihm ein Brot mit Marmelade, Wurst oder Käse lieber ist. Die deutschen Mitreisenden werden diese Meinung bestärken und bei der Rückkehr nach Deutschland ist man bei dem ersten „typisch deutschen" Frühstück mit Brötchen und Aufschnitt froh, sein kulturell vertrautes Wertesystem wieder vorzufinden.

Tourismus dient also dazu, fremde Sinnwelten zu entdecken, eine Einstellung zu ihnen zu entwickeln und damit die Haltung zu eigenen Wertesystemen zu bestärken. Im kommunikativen Austausch mit anderen Reisenden kann man seine Meinung verifizieren, denn übereinstimmend wird man in der Regel zu dem Ergebnis gelangen, dass die eigenen kulturellen Praktiken den fremden vorzuziehen sind. Nur im Ausnahmefall werden vormals fremde kulturelle Praktiken aufgenommen und an eigene Verhaltens- und Denkmuster angepasst. Daher lautet der vierte Spannungsbogen wie folgt:

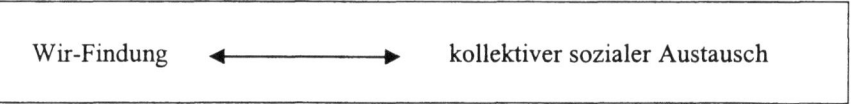

Obwohl bei den beiden Spannungsbögen mit sozialer Dimension jeweils einer der Pole als „sozialer Austausch" bezeichnet ist, muss inhaltlich differenziert werden. Bei dem sozialen Austausch des dritten Spannungsbogens dient der Austausch zur individuellen Identitätsfindung, während der soziale Austausch im vierten Spannungsbogen sich nicht auf individuelle Persönlichkeiten, sondern ausschließlich auf kollektive Gemeinschaften bezieht.

Aus dem vierten Spannungsbogen ergibt sich für das Tourismusmarketing, dass es Kunden Erfahrungsräume anbieten muss, die das Wiedererkennen des Bekannten ermöglichen. Die Fremde wird kurzzeitig zum fernen Zuhause, wobei man als Gruppe der Reisenden in der Regel zu der Überzeugung gelangt, das „bessere" Eigene zu bestätigen und es den fremden Lebensgewohnheiten vorzuziehen. Reizvoll jedoch ist der Prozess, das Neue, das Andere zu entdecken. Die Fremde ist dann das exotische Andere, das es zu entdecken und zu entzaubern gilt.

Insgesamt sieht das Koordinatensystem hinsichtlich der sozialen Dimension wie folgt aus:

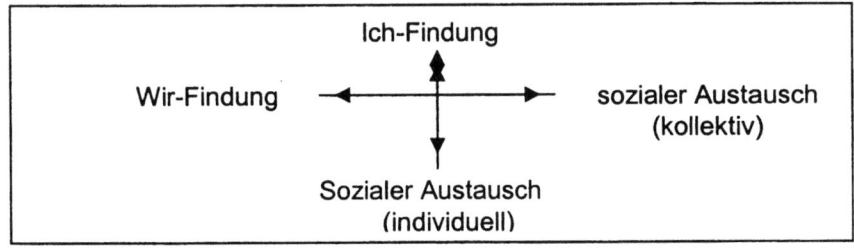

Als Fazit dieser Überlegungen lässt sich festhalten, dass gelungenes Tourismusmarketing potentiellen Kunden Identifikationspotential für eigene Selbstkonzepte kommunikativ anbieten muss und gleichzeitig andere Sinnkonzeptionen als Lebensgestaltungsalternativen vorführen sollte. Denn ein Urlaub ist nur ein begeisterndes Erlebnis, wenn der Kunde sich nicht nur äußerlich von seinem Heimatort entfernt, sondern auch innerlich „neue Räume" durchschreitet. Der Urlaub als Aufbruch zu neuen Horizonten ist damit eine zweifach angetretene Reise: eine äußere und eine innerliche.

2.2   Schlussbetrachtung

In diesem Beitrag wurde gezeigt, dass seit der Antike bis zur Renaissance sowohl das Reisen als auch das Informationsmanagement keine herausragende gesellschaftliche Bedeutung hatte. Informationsgeschwindigkeit war an die Reisegeschwindigkeit gebunden, und beide waren nicht nennenswert zu beschleunigen. Mit der industriellen Revolution entstanden Maschinen, die Geschwindigkeit produzieren können. Der Nachrichten- und Datentransfer war nun losgelöst von der menschlichen Bewegung möglich. Auch das Reisen wurde durch Erfindung moderner Transportmittel bequemer, schneller und sicherer. Hand in Hand, aber unabhängig voneinander, erlebten sowohl der Informationssektor als auch der Tourismussektor als Wirtschaftszweig einen rasanten Aufstieg und leisteten einen entscheidenden Beitrag zur Globalisierung. War das Reisen in früheren Zeiten eine zweckgebundene Notwendigkeit, so ist es mittlerweile zu einer angenehmen und ersehnten Flucht aus dem Alltag geworden. Die Vermittlung der Sehnsucht nach Ausbruch aus dem Alltag macht den Tourismusmarkt in hohem Maße abhängig von kommunikativer Inszenierung. In der face-to-face Kommunikation stellt der Reisende seine Urlaubserlebnisse (zum Teil in ritualisierten Formen) anderen Menschen seines sozialen Umfeldes dar. Kommunikation dient dabei nicht nur der Information der Anderen, sondern auch der Untermauerung des sozialen Ansehens des Reisenden. Mit dem Reisen eng verbunden ist soziales Prestige, denn an der Art des Urlaubs erkennen Andere, was man sich finanziell leisten kann.

Für den Tourismusmarkt als Wirtschaftssektor ist die öffentliche Kommunikation ein entscheidender Faktor, um potenzielle Kunden zum Reisen zu bewegen. Da die Motive, die einem Bedürfnis nach Urlaub zu Grunde liegen, vielfältig sind, muss die Kommunikation effizient gebündelt werden. Je nach Ausrichtung der Forschungsarbeit sind die Urlaubsmotive auch empirisch zu ermitteln (z. B. Braun 1993). In diesem Beitrag wurden als Hypothesen vier Spannungsbögen dargestellt, die zum einen die Sachdimension und zum anderen die soziale Dimension des Bedürfnisses nach Urlaub akzentuieren. Individuell unterschiedlich ist auf der Sachebene der Wunsch nach dem Grad der Aktivität/Passivität und Luxus/Bescheidung, der im Urlaub erwünscht wird. Entsprechend vielfältig ist die Angebotspalette der kommunikativ inszenierten Urlaubsmöglichkeiten und deren Wirkung auf den Einzelnen.

Auch die soziale Dimension des Urlaubs wurde in Bezug auf zwei wesentliche Spannungspole dargestellt. Zentral für den Reisenden ist der Grad der Selbstfindung und des sozialen Austausches sowohl auf der individuellen als auch auf der kollektiven Ebene. Urlaub hat immer die Funktion, sich des eigenen Selbst bewusst zu werden und zu versichern. Um diesen Zusammenhang zu verdeutlichen, wurden unterschiedliche Theorien als Erklärungsmodelle genutzt, die bislang noch nicht sehr großen Eingang in tourismuswissenschaftliche Forschungen gefunden haben: der Symbolische Interaktionismus und ansatzweise die Systemtheorie. Aufgrund des vorgegebenen Umfangs dieses Beitrags konnten nur grundlegende Gedanken hypothetisch formuliert und neu kombiniert werden. Am Ende dieses Beitrags soll aber nicht nur ein Rückblick stehen, sondern auch ein Ausblick. Inwiefern können die wissenschaftlich erarbeiteten Ergebnisse praktisch umgesetzt werden, weshalb sind sie auch in der beruflichen Praxis von Bedeutung?

Dem Autor dieses Beitrags lag zum einen daran, enge Bezüge zwischen Tourismuswissenschaft und Kommunikationswissenschaft aufzuzeigen. Es lohnt, Bezüge zwischen Information und Tourismus interdisziplinär weiter zu erforschen. Derartige Forschungsvorhaben müssten auch Unterstützung in der Wirtschaft finden, denn Ergebnisse könnten in Überlegungen und Strategien des Marketing einfließen. Bevor dies geschehen kann, sollten weitere Forschungen neue Ergebnisse theoretisch aufarbeiten und empirisch untermauern. Insbesondere im Bereich der face-to-face-Kommunikation fehlen kommunikationswissenschaftliche, soziologische und psychologische Untersuchungen, die sich mit manifesten und latenten Motiven der Reiseberichterstattung befassen. In diesem Bereich gibt es hinreichend Forschungsfelder.

Der in der Bedürfnispyramide fast zum Grundbedürfnis aufgerückte Wunsch nach immer neuen, attraktiven und verlockenden Formen des Urlaubs bedarf zunächst einer eingehenden Betrachtung unter vielfältigen, auch differenten Perspektiven. Um den systemtheoretischen Ansatz noch einmal aufzugreifen, ist die Untersuchung derart komplexer Systeme wie Tourismus, Tourismusmarketing und medialer (oder face-to-face) Kommunikation notwendig; ebenso wie die Betrachtung der Interdependenzen dieser Systeme untereinander. Eine wichtige Stellung im Rahmen der interdisziplinären Forschung sollte der Kommunikationswissenschaft zukommen, denn Urlaub bedarf der gelungenen kommunikativen Inszenierung – nicht nur im Bereich des Tourismusmarketing. Jeder Reise gehen immer kommunikative Akte voran, die zur Entscheidung für eine Urlaubsform und ein Urlaubsziel führen. Erst nach erfolgreicher Kommunikation erfolgt die Buchung oder anders formuliert: Vor der Realisierung eines Urlaubs steht immer dessen kommunikative Inszenierung in der öffentlichen Kommunikation.

Übungsaufgabe 13: (Reproduktion)

Skizzieren Sie unter verschiedenen Aspekten (historisch, psychologisch, wirtschaftlich etc.), warum Risikominimierung („Sicherheit des Reisens") für den Tourismus wesentlich ist!

Übungsaufgabe 14: (Transfer)

Lange Zeit waren Reisen nach Saudi-Arabien für nicht-islamische Touristen unmöglich. Dennoch sollte jeder Moslem einmal im Leben nach Mekka reisen. Mittlerweile bieten erste deutsche Reiseveranstalter pauschale Gruppenreisen in dieses Land an. Nach saudi-arabischen Bestimmungen müssen die Reisenden jedoch monotheistischen Glaubens (Moslime, Christen, Juden) sein, und es dürfen nur verheiratete Frauen in das Land einreisen. Touristisch ist das Land noch wenig erschlossen. Verorten Sie eine pauschale Urlaubsreise, die hauptsächlich kulturtouristisch ausgerichtet ist, innerhalb der vier Spannungspole.

Überlegen Sie, welche Zielgruppe auf welche Weise kommunikativ angesprochen müsste!

Übungsaufgabe 15: (Kontextualisierung)

Entwickeln Sie eigenständige Ideen, inwieweit mit Hilfe moderner Kommunikations- und Informationstechnologien die Attraktivität (Bequemlichkeit) des Reisens erhöht werden kann!

Literatur:

Armanski, G. (1986): Die kostbarsten Tage des Jahres. Bielefeld

Bell, D. (1988): Die nachindustrielle Gesellschaft. In: Welsch, W. (Hg.) (1988): Wege aus der Moderne. Schlüsseltexte der Postmoderne-Diskussion. Weinheim: 144-152

Bendixen, P. (1997): Kulturtourismus. Ökonomische Grundlagen. Hagen

Bernecker, P. (1955): Der moderne Fremdenverkehr. Markt- und betriebswirtschaftliche Probleme in Einzeldarstellung. Wien

Braun, O. L. (1993): (Urlaubs-) Reisemotive. In: Hahn, H.; Kagelmann H. J. (Hg.) (1993): Tourismuspsychologie und Tourismussoziologie. Ein Handbuch zur Tourismuswissenschaft. München: 199-206

Deimel, K. (1989): Grundlagen des Involvement und Anwendung im Marketing: In: ZFP. 12. Jg.: 153-161

Erdheim, M. (1992): Das Eigene und das Fremde. Über ethnische Identität.In: Psyche, 46. Jg. Heft 7: 730-744

Freyer, W. (1997): Grundlagen der Tourismuswirtschaft für den KulturTourismus. Fern-Universität in Hagen. Hagen

Garz, D. (1989): Sozialpsychologische Entwicklungstheorien. Von Mead, Piaget und Kohlberg bis zur Gegenwart. Opladen

Gehlen, A. (1975): Urmensch und Spätkultur. Philosophische Ergebnisse und Aussagen. Frankfurt/M.

Glasersfeld, E. von (1981): Einführung in den radikalen Konstruktivismus. In: Watzlawick, Paul (Hg.) (1981): Die erfundene Wirklichkeit. Wie wissen wir, was wir zu wissen glauben? München, Zürich: 16-39

Guski, R. (1989): Wahrnehmung. Stuttgart, Berlin, Köln

Gyr, U. (1992): Kultur für Touristen und Touristenkultur. Plädoyer für qualitative Analysen in der Reiseforschung. In: Kramer; D.; Lutz R. (Hg.) (1992): Reisen und Alltag. Beiträge zur kulturwissenschaftlichen Tourismusforschung. Frankfurt/M.: 19-38

Hahn, A. (1992): Überlegungen zu einer Soziologie des Fremden. In: Simmel Newsletter. Vol. 2. No 1: 54-61

Hallwass, E. (1978): Mehr Erfolg mit gutem Deutsch

Hierdeis, H. (1998): Anthropologie und Mobilität. FernUniversität in Hage. Hagen

Joas, H. (1980): Praktische Intersubjektivität. Die Entwicklung des Werkes von G.H. Mead. Frankfurt/M.

Kirstges, T. (1997): Management von Tourismusunternehmen. Organisation, Personal-, Finanz- und Rechnungswesen bei Kulturveranstaltern. FernUniversität in Hagen. Hagen

Krause, B. (1985): Zentrum und Peripherie im europäischen Diskurs. Über die Verachtung peripherer Kulturen. In: Jahrbuch Deutsch als Fremdsprache. 47. Jg..Nr.11: 87-113

Kroeber-Riel, W. (1986): Die inneren Bilder der Konsumenten. In: Marketing ZFP, 9. Jg., Nr. 2: 81-96

Luhmann, N. (1993): Soziale Systeme, Grundriß einer allgemeinen Theorie. Frankfurt/M.

McLuhan, M. (1992): Die magischen Kanäle. >Understanding Media<. Düsseldorf et al.. 1992

Mead, G. H. (1993): Geist Identität und Gesellschaft. Frankfurt/M.

Meyer, J. W. et al. (1997): World Society and the Nation State, in: American Sociological Review, Nr. 103: 144-181

Nöth, W. (1995): Zur Semiotik des Anderen. Zwischen Spiegelbild und Feindbild. In: Interkulturell – Forum für Interkulturelle Kommunikation, Erziehung und Beratung. Nr. ½: 57-71

Plessner, H. (1975): Die Stufen des Organischen und der Mensch. Einleitung in die philosophische Anthropologie. Berlin, New York

Postman, N. (1988): Wir amüsieren uns zu Tode. Frankfurt/M.

Postman, N. (1999): Die zweite Aufklärung. Vom 18. ins 21. Jahrhundert. Berlin

Prahl, H.-W., Steinecke, A. (1989): Der Millionen-Urlaub. Bielefeld

Reese-Schäfer, W. (1992): Luhmann zur Einführung. Hamburg

Ritzdorf, W. (1982): Visuelle Wahrnehmung und Antizipation. Schondorf

Roth, P. (1998): Marketing im Kulturtourismus, Teil II, in: Allmann, U.; Roth, P.; Marketing im Kulturtourismus. FernUniversität in Hagen. Hagen

Schäffter, O. (1991): Modi des Fremderlebens, in: ders. (Hg.): Das Fremde. Erfahrungsmöglichkeiten zwischen Faszination und Bedrohung. Opladen: 11-45

Schmalen, H. (1985): Kommunikationspolitik. Stuttgart, Berlin, Köln

Schütz, A. (1972): Der Fremde. In: Brodersen, Arvid, (Hg.): Gesammelte Aufsätze. Studien zur soziologischen Theorie. Bd. II., Den Haag: 53-69

Schulze, H. (1994): Staat und Nation in der europäischen Geschichte. München

Sommer, R. (1994): Werbeeffizienz. In: Planung und Analyse, o. Jg., Nr. 5: 7-11

Ungeheuer, G. (1987): Vor-Urteile über Sprechen, Mitteilen, Verstehen. In: Kommunikationstheoretische Schriften I: Sprechen, Mitteilen, Verstehen. Aachen: 290-338

Virilio, P. (1993): Revolutionen der Geschwindigkeit. Berlin

Waldenfels, B. (1997): Topographie des Fremden. Studien zur Phänomenologie des Fremden. Bd. 1. Frankfurt/M.

Watzlawick, P. (1995): Vom Unsinn des Sinns oder vom Sinn des Unsinns. München

Nicht wissenschaftliche Zeitschriften:

„Die Suche nach dem Ich". In: Der Spiegel (16/1996) vom 15.04.1996

Übungsaufgabe 16: (Kurskritik)

Welche Kursteile sind Ihnen besonders schwer- bzw. leicht gefallen?

Welche Kursteile waren besonders interessant bzw. langweilig?

Welche Kursteile haben Interesse auf „mehr" geweckt?

Anhang/Musterlösungen

Übungsaufgabe 1

Die psychoanalytische Theorie sieht einen Zusammenhang zwischen frühkindlichen Symbiose- und Trennungserfahrungen und späteren Konstruktionen des Fremden. Die Erfahrung des Kindes, dass es neben der Beziehung zur Mutter (später: zum Vater, zu den Geschwistern) unausweichlich auch noch in Beziehungen zu anderen Personen eingebunden ist (zu Nicht-Müttern, Nicht-Vätern, Nicht-Geschwistern), muss von ihm verarbeitet werden. Ist die Beziehung zur Mutter stabil und emotional befriedigend, dann sind offenbar gute Voraussetzungen für eine von Interesse getragene Begegnung mit "Fremden" gegeben; im entgegen gesetzten Fall ist mit Angst- und Fluchttendenzen zu rechnen. Insofern steckt in jeder Irritation und Beunruhigung, die durch Fremdes ausgelöst wird, ein biographisch bedingter individueller Eigenanteil. Das Fremde kommt allerdings nicht nur von außen. Vielmehr erfährt das Kind in seiner Beziehung zu den Eltern, dass sein Ich unerwünschte Anteile hat, die es unterdrücken oder auslöschen soll, und dass auch die Eltern Anteile haben, die ihm Schmerz zufügen. Das Kind befindet sich den Eltern gegenüber jedoch in einer Position der Ohnmacht. Es bleibt ihm also – wenn es den notwendigen Schutz nicht verlieren will – nichts anderes übrig, als sich mit den Überlegenen, und zwar auch mit ihren lieblosen Anteilen, zu arrangieren, d.h. es identifiziert sich mit den Eltern. Das von ihnen am Kind Abgelehnte wird vom Kind gleichfalls verworfen und als etwas nicht zu ihm Gehöriges, Fremdes abgespalten. Dieser Vorgang muss nicht auf die Eltern-Kind-Beziehung beschränkt bleiben, sondern kann zu einem Muster der psychischen Abwehr werden. Wenn das geschieht, wird das Fremde zum Inbegriff des zu Befürchtenden, Abzulehnenden und zu Bekämpfenden. Erziehungsverhältnisse sind nicht nur eine Sache subjektiver Entwürfe und Praxis, sondern finden immer im Rahmen gesellschaftlicher Interpretationen, Strukturen und Praktiken statt. Gesellschaften, die in ihrer Erziehungspraxis das Eigene des Kindes unterdrücken und seine Identifikation mit den Eltern/ Erziehern erzwingen, fördern Abspaltungsprozesse der beschriebenen Art und damit

155

eine kollektive Identität, die das Fremde und die Fremden als grundsätzlich bedenklich, wenn nicht gar feindlich ansieht. Das Frankfurter Institut für Sozialforschung (Th. W. Adorno, E. Fromm, M. Horkheimer) hat bereits in den 20er Jahren des vorigen Jahrhunderts auf die strukturelle Verwandtschaft zwischen Familie und Gesellschaft in Deutschland und ihre Folgen für das individuelle und gesellschaftliche Autoritätsverständnis hingewiesen. Die durch die Erziehung in der Familie immer wieder hergestellte und von der Gesellschaft verstärkte Identifikation mit der Autorität, die damit einher gehende Abspaltung des abgelehnten Eigenen und dessen Unterbringung in der Repräsentanz des Fremden hat offenbar eine lange Geschichte und hält sich trotz der beobachtbaren Entideologisierung elterlicher und gesellschaftlicher Autorität außerordentlich hartnäckig, so dass ihre Auswirkung in Form von individueller und subkultureller Fremdenangst und Fremdenfeindlichkeit immer wieder auch politisch instrumentalisiert werden kann (Ablehnung von kulturellem Austausch, Verweigerung von Bürgerrechten, Aufrechterhaltung sozialer Asymmetrie, Forderung nach Assimilation).

Übungsaufgabe 2

Wissen und Vorurteil sind zwei Begriffe, die verschieden bewertet werden und einander entgegengesetzt sind. Sie scheinen ideologieanfällig zu sein. Jeder Mensch führt sein Leben aufgrund von eigenem und fremden Wissen und Vorurteilen. Für jene, die beruflich mit den Begriffen umgehen, welche die gesellschaftliche Wirklichkeit betreffen und den Umgang mit solchen Begriffen lehren, ist eine Klärung nicht nur nützlich, sondern auch notwendig. Sie haben Verantwortung, Wissen möglichst vorurteilsfrei zu vermitteln. Sie sollen aus Wissen über Strukturen und Funktion von Vorurteilen zur Einsicht über ihre eigenen Vorurteile gelangen. Es ist schwer einen allgemein verbindlichen Rahmen zu finden. Denn die Begriffe können aus verschiedenen Sichten heraus erklärt werden, z.B. geschichtsphilosophisch, ideologiekritisch, sozialpsychologisch oder wissenssoziologisch. Zu diskutieren sind die gesellschaftlichen Voraussetzungen für die Ausbildung von subjektiven Bewusstseinsstrukturen, auf denen Wissen und Vorurteil beruhen. Vorurteil war ein Begriff des mittelalterlichen Rechtsbereiches. Im 19. Jahrhundert erhält das Wort Vorurteil dann allgemein den uns heute geläufigen negativen Sinn. Nicht alle Vorurteile sind falsch; sie können sich auch als wahr herausstellen. Unter Vorurteil versteht man eine irrige Meinung oder eine Voreingenommenheit gegen etwas. Im Gegensatz zum 17. und frühen 18. Jahrhundert geht die philosophische Aufklärung davon aus, dass die Menschen vernünftig und somit auch lernfähig sind. Echtes Wissen kann von falschem Wissen durch rationales Denken unterschieden werden. Die Ausrottung der Vorurteile muss durch Erziehung und Bildung geschehen. Durch das Aufkommen des Nationalismus verlagerte sich der Schwerpunkt der gängigen Vorurteile von der religiösen auf die nationale Ebene. Im modernen demokratischen Wohlfahrtsstaat sind die Bekämpfung von ethnischen, rassistischen, religiösen usw. Vorurteilen und die wirtschaftlichen Auswirkungen Bestandteil liberalfortschrittlicher Ideologien. Erziehung soll diese Vorurteile überwinden. Jede Art von Wissen soll jedem zugänglich sein.

Das Problem von Wissen und Vorurteil wird in der heutigen Zeit immer wichtiger (Zunahme der Aggressivität und Gewalt, Ausländerfeindlichkeit, Rassismus) und deshalb sollte schon so früh wie möglich mit der Aufklärung und auch Prävention begonnen werden. Es sind vor allem Kinder und Jugendliche, die zu Gewaltakten neigen und die auch einen zunehmenden Hass gegenüber andersartigen Menschen entwickeln. Ziel wäre ein friedliches Auskommen unabhängig von Hautfarbe, Herkunft und Eigenschaften. Das Problem betrifft vor allem Personen, die sich mit Bildung und Ausbildung befassen (Erzieher, Pädagogen). Fremdheit sollte als Ressource (Erweiterung der Perspektive) und nicht als Bedrohung gesehen werden.

Übungsaufgabe 3

Vor allem die im Text angesprochenen betriebswirtschaftlichen und computertechnologischen Aspekte von Wissen erscheinen mir als besonders aktuell und interessant. Im Diskurs über die Wissensgesellschaft, ebenso wie in ökonomischen und (bildungs-)politischen Diskursen ist Wissen – neben Kapital, Arbeit und Natur – als ein weiterer wichtiger Produktionsfaktor getreten. Die primär ökonomischen Gesichtspunkte, unter denen Wissen momentan verhandelt wird, fügen sich nahtlos z. B. auch in die Entwicklungsprozesse von e-Learning und Tele-Learning-Angeboten ein. Der „umbrella"-Term des lebenslangen Lernens erweist sich dabei als Zauberlehrling eines Human-Ressourcenpokers, in dem die Zuständigkeiten erst geklärt werden müssen.

Insbesondere das Massenangebot an mehr oder minder schwer aufrufbaren Informationsressourcen im und aus dem Internet fordert eine intensive Betrachtung der Wissenslandschaft geradezu heraus. Die Grenzen zwischen Information, Wissen und Bildung verschwimmen zusehends. Gerade in virtuellen Lehr- und Lernprozessen, in denen technische Verarbeitung die Reduktion von Information in Datenpakete erfordert, müssen sich NutzerInnen die Frage stellen, durch welche Komprimierungsprozesse die Informationen gegangen sind, bevor sie als virtuelle ‚Ressource zu....' abgerufen werden können. Die Informationshäppchen multimedialen Zuschnitts können keine ausreichende Basis für einen umfassenden Wissenserwerb, geschweige denn die Grundlage für Bildung im Sinne des humanistischen Ideals repräsentieren. Deshalb werden Kriterien einer kritisch reflexiven Urteilskraft und Selektionsfähigkeit der NutzerInnen in Zukunft immer wichtiger.

Eine weitere Überlegung in diesem Zusammenhang ist mit den Schlagworten des „digital divide" zu charakterisieren. Die bisherigen ökonomischen Zugriffe auf das Wissen stellen ebenso eine Eingrenzung und „künstliche Verknappung des öffentlichen Guts ‚Wissen' dar" (vgl. de Haan/Poltermann 2002). Öffentliches Wissen kennzeichnet vor allem auch die Fülle an Daten und Informationen, die mittels Internet oft in die entlegensten Winkel der Erde übertragen werden können. Allerdings, und dieses Argument ist vor allem in Bezug auf virtuelle Lehr- und Lernprogramme zu beachten, selektieren die Zugangsmodalitäten – sprich Kosten für PC und Software, Internetgebühren etc. den InteressentInnenkreis erheblich.

Wissen ist in Kategorien einteilbar. Es steht für einen operationalen, oftmals instrumentellen Gebrauchsbegriff, eingelassen in vielfältige Prozesse der Aus- und Weiterbildung. Vor diesem Betrachtungshorizont sollte Wissen, aber auch Bildung ein individuelles Weiterkommen in unserer sich rasch wandelnden Wirtschafts-, Konsum-, Fun- und Wissensgesellschaft garantieren. Wissen und Bildung stellen also Qualifikationen her – Qualifikationen, die mit Ulrich Beck gesprochen dem traditionsentbundenen, individualisierten Dasein in einer Risikogesellschaft entgegenwirken, indem individuelle Bildungskarrieren, vor allem aber der Ausbau derselben als Garant dienen, die Risiken[16] des Alltags zu bewäl-

---

[16] Mit Risiken assoziiere ich in diesem Kontext vor allem die, auch bei Beck genannten unsicheren Verhältnisse am Arbeitsmarkt, dessen Schwankungen unmittelbar in individuelle Lebensplanungen eingreifen und diese bestimmen. Konzepte der beruflichen Aus- und Weiterbildung, aber auch der Erwachsenenbildung nehmen hierbei eine gewisse Regulationsfunktion ein, da die Menschen durch diese Bildungsangebote

tigen. Dieser Begriff steht aber auch für einen weiter gefassten Bedeutungszusammenhang, der das Umgehen, Verstehen und zurecht Finden des Menschen in der Welt kennzeichnet. Derlei Wissen soll uns befähigen, entsprechende Handlungen zu vollziehen. Z.B. Routinen des Alltags: man denkt nicht mehr darüber nach, dass man aufstehen muss, welche Rituale zu tätigen sind, bis der alltägliche Weg zur Arbeit genommen wird, über den auch nicht mehr gesondert nachgedacht werden muss usw.. Mit Peter Glotz gesprochen müssen Menschen fähig sein, Wissen, Können, Fühlen, Wollen und Glauben zu integrieren. „Operatives Anpassungslernen" und „strategisches Erschließungslernen" (vgl. Glotz 2002: 2) sind sehr wichtig, wenn man sich in einer arbeitsteiligen Gesellschaft behaupten will.

Resümierend gesprochen, könnten die genannten Bereiche als Partikel des Wissens und eines veränderten Umgangs mit Wissen gesehen werden. Die darin deutlich zu erkennende Tendenz, dem Wissen in seinen neuen Gewändern auf die Spur zu kommen, lässt mich folgende Überlegung formulieren. Die Bestimmung der sich wandelnden Merkmale der so genannten Wissensgesellschaft lassen auch auf eine Veränderung von Bildungszielen schließen. Normative wie tradierte Anforderungen von Bildungsidealen, oder eine ebensolche Vermittlung von Wissen sind zu überdenken. Der individuelle Verantwortungsbereich wird zusehends in den Mittelpunkt gerückt. Persönlichkeitsbildung als Meta-Bildungskriterium einer sich stetig wandelnden Wissensgesellschaft?

Verwendete Quellen:

- de Haan, G./Poltermann, A.: 21. Weltentwicklungsbericht, Weltbank 1999, S.20, in: Funktionen und Aufgaben von Bildung und Erziehung in der Wissensgesellschaft, Berlin 2002; http://www.wissensgesellschaft.org/themen/bildung.html [recherchiert: August 2002]

- Glotz, P.: Bildungsziele für die Informationsgesellschaft; Virtuelle Konferenz: Lernen und Bildung in der Wissensgesellschaft 1998; Heinrich Böll Stiftung; http://www.wissensgesellschaft.org/themen/bildung.html [recherchiert August 2002].

---

glauben, dem steten Wandel gesichert zu überstehen, sprich der Arbeitslosigkeit – einem Risiko in der heutigen Gesellschaft – zu entgehen.

Übungsaufgabe 4

Wissensart 1 – Das terminologische Wissen

Es basiert auf der Verwendung einer Art Fachsprache bzw. dem Gebrauch von Fachausdrücken, die nahezu ausschließlich von Personen gebraucht und verstanden werden, die sich in diesem Bereich betätigen bzw. sich dafür interessieren. Das terminologische Wissen ist in vielen Berufen, aber auch Freizeitaktivitäten Voraussetzung, um sich praktisch in diesem Feld betätigen zu können, wo das sich angeeignete Wissen in weiterer Folge auch umgesetzt wird.

Als Beispiel für das terminologische Wissen kann hier das Sonderwissen der Medizin oder auch jeder anderen Berufgruppe genannt werden, soweit es im ständigen Umgang mit Fachausdrücken artikuliert wird, und das Verstehen derselben auf einen bestimmten Personenkreis beschränkt ist.

Wissensart 2 – Das prozedurale Wissen

Diese Art von Wissen wird nicht gezielt und bewusst angeeignet, sondern ergibt sich aus den täglichen Erfahrungen der Menschen. Das prozedurale Wissen wird allein durch die Teilnahme am gesellschaftlichen Leben und durch die Nutzung der Medien täglich erweitert, wobei sich kein Mensch über die Fülle seines ständig neu angeeigneten Wissens bewusst ist bzw. dieses zur Gänze nutzen kann. Es kann zum Beispiel von prozeduralem Wissen gesprochen werden, wenn jemand neu in eine Stadt übersiedelt und sich dort langsam orientieren lernt. Die Person wird sich Wege auf Grund von markanten Häusern oder Straßenkreuzungen merken, langsam wird sie immer neue Wege z. B. Nachhause oder zum Arbeitsplatz finden, sie wird sich immer besserer orientieren können, weil sie sich unbewusst „das Gesicht der Stadt" und ihre gesamte Infrastruktur angeeignet hat. Mit der Zeit hat sie ein großes Wissen über die Stadt, findet sich zurecht und kann aber wahrscheinlich nicht jedes Haus oder jede Straße gezielt beschreiben.

Übungsaufgabe 5

Die Charakterisierung von Instantwissen drängt den Leser dazu an die derzeitige Medienlandschaft zu denken. Täglich gespielte Soap Operas und Talkshows fallen ganz eindeutig in dieses Schema und scheinen daher ein gutes Beispiel für Instantwissen zu sein. Das Thema einer Talkshow ist immer so gewählt, dass es ein breites Publikum anspricht. Der Inhalt ist leicht verständlich und oft unterhaltsam, ob er wahr ist, tut meist nicht viel zur Sache. Talkshows vermitteln oft Klischees oder reproduzieren gängige Alltagsannahmen und erzielen somit bei den ZuseherInnen Zustimmung, da eine Identifikationsmöglichkeit gegeben ist. Ein weiteres Merkmal dieses Talkshow-Wissens lautet „ohne offensichtliche Nebenwirkungen", was auf diese und viele andere Arten von Fernsehsendungen wohl zutreffen mag, da Medien wenn, nur ganz selten „offensichtlich wirken".

Bricolage kann mit „Bastelwissen" umschrieben werden. Dieser Wissensstil wird mit den Schlagwörtern wie Improvisation, Beschränkungen begrenzte Ressourcen oder Abstraktion beschrieben, was darauf schließen lässt, dass Bricolage Kreativität und Flexibilität voraussetzt. Als Beispiel kann die Lehrtätigkeit genannt werden, da LehrerInnen täglich neu auf die Klasse zugehen müssen, oft eine vorbereitete Stunde wegen der „Tagesverfassung der Klasse" umgestalten müssen, unter Zeitdruck aber dennoch den Lehrplan einhalten und flexibel auf die einzelnen SchülerInnen und deren Wissensstand eingehen sollen.

Die Wissensform Tacit Knowledge setzt ein hohes Maß an Erfahrung voraus, damit dieses Wissen spontan und jederzeit abrufbar wird. Beispiele hierfür können sich auf alltägliche Tätigkeiten, wie schwimmen oder Rad fahren beziehen, die im Laufe der Zeit durch Übung automatisiert wurden und somit als selbstverständlich angesehen werden. (Diese Musterlösungen wurden erarbeitet von Claudia Kirchmair und Michaela Wolf).

Übungsaufgabe 6

Aspirin plus C (Bayer)

deklaratives Wissen: Zusammensetzung (Arzneilich wirksame Bestandteile, Sonstige Bestandteile, Darreichungsform und Inhalt, Wirkungsweise und Indikationsgruppe, Hersteller, Anwendungsgebiete...), Wechselwirkung mit anderen Mitteln, Überdosierungen und andere Anwendungsfehler ...

prozedurales Wissen: Dosierungsanleitung, Art und Dauer der Anwendung, Wie und Wann der Einnahme ...

episodisches Wissen: Wann das Medikament erst nach Rücksprache mit dem Arzt eingenommen werden darf (Schwangerschaft, Stillzeit, Kindesalter, Vorerkrankungen ...)

konditionales Wissen: Was im Straßenverkehr oder bei der Arbeit mit Maschinen beachtet werden muss, Meiden bestimmter Genussmittel und Speisen, Nebenwirkungen ...

reflexives Wissen: Gegenmaßnahmen, die der Einzelne bei Nebenwirkungen zu ergreifen hat ...

Übungsaufgabe 7

Informationsaufnahme: alle kognitiven Prozesse, die von der Wahrnehmung eines Reizes bis zu seiner Übernahme ins Kurzzeitgedächtnis reichen

Informationsverarbeitung: Aufnehmen, Verstehen, Kategorisieren des Wahrnehmungsobjekts mittels bildhaft-ikonischer, symbolisch-sprachlicher und aktional-handlungsmäßiger Repräsentation

Informationsspeicherung: Absicherung der Information gegen Vergessen durch Übung, Anwendung, Transfer und Mnemotechniken Informationskontrolle/Abruf des neu erworbenen Wissens: Überprüfung an der Praxis.

Übungsaufgabe 8

Management als Institution: Personen mit Vorgesetzten- und Führungsaufgaben. Management als Tätigkeit: alle Handlungen planender, organisierender und kontrollierender Art.

Übungsaufgabe 9

Der moderne Lernbegriff besagt: Lernen ist eine aktive, konstruierende, selbstgesteuerte, situative und soziale Tätigkeit des Subjekts mit kumulativer Wirkung; Lernen ist nicht das unmittelbare Ergebnis von Belehrung.

Der moderne Lehrbegriff besagt: Lehren wird als Instruktion verstanden, bei der – unter Berücksichtigung des Lernbegriffs – der Erwerb intelligenten Wissens organisiert wird.

Übungsaufgabe 10

Das Wissensmanagement nach dem „Münchner Modell" hat eine individuelle Komponente, insofern der „Mensch als Ort des Wandels" mit seinen spezifischen Fertigkeiten und Fähigkeiten, seinen Haltungen und Überzeugungen sowie seinem Bewusstsein und seiner Sensibilität berücksichtigt wird. Es hat eine soziale Komponente, insofern in den vier Phasen des Wissensmanagement-Prozesses immer eine Kooperation der Community-Mitglieder nötig ist. Es hat eine organisationale Komponente, insofern die Organisation „Ort des Handelns" ist und durch Leitgedanken, durch Konzepte, Methoden und Werkzeuge sowie durch verbesserte Strukturen unter Nutzung der neuen Informationstechniken Innovationen realisieren (und evaluieren) muss.

Übungsaufgabe 11

1. Schritt: standardisierte Potenzialanalyse zur Feststellung des individuellen Ist-Zustands.
2. Schritt: spielerisch-kognitiv-emotional angelegte Selbsterfahrung in medial arrangierten Erlebnissituationen.
3. Schritt: Konfrontation der Selbsterfahrung mit zusätzlichen verhaltenswissenschaftlichen Informationen.
4. Schritt: Anwendung des neu erworbenen Verhaltens in realitätsbezogenen Verwendungssituationen.

Übungsaufgabe 12

Multimediale Lernumgebungen ermöglichen dem Schüler/der Schülerin einen selbstständigen und interaktiven Informationsprozess, den diese ganzheitlich, differenziert und individualisiert organisieren können.

Übungsaufgabe 13 (Reproduktion)

Historische Perspektive: Früher war das Reisen zweckgebunden, mühevoll und anstrengend. Damit wurde Reisen nicht als attraktiv empfunden, sondern als gefährlich und anstrengend. Risikominimierung ist ein wesentlicher Beitrag zur Ermöglichung des massenhaften Reisens und damit aus historischer Perspektive eine Voraussetzung für Tourismus!

Psychologische Perspektive: Die Begegnung mit Fremden erzeugt Angst und Unsicherheit. Durch standardisierte Produkte und organisierte Reisen wird dem Menschen die Möglichkeit geboten, „Fremdes" (bzw. als fremd inszeniertes) zu entdecken und auch kennen zu lernen, ohne das Risiko einzugehen, das eigene Leben zu riskieren oder bisherige Überzeugungen, Lebensstile durch die intensive, tatsächliche Auseinandersetzung mit Fremden in Frage zu stellen.

Wirtschaftliche Perspektive: Die Risikominimierung touristischer Leistungen ist eine wichtige Einnahmequelle für Anbieter. Der Nachfrager ist zu einem Urlaub in der Regel eher zu bewegen, je weniger Risiken mit der Entfernung von seinem heimischen Umfeld verbunden sind. Es werden Reiserücktrittsversicherungen angeboten oder über unterschiedliche Rechtsbeziehungen der verschiedenen Anbieter untereinander (Flug-Transfers-Hotel-Ausflüge etc.) dem Pauschaltouristen letztendlich ein weitgehend risikominimiertes Urlaubsprodukt offeriert. Dafür zahlt der Kunde.

Übungsaufgabe 14 (Transfer)

Luxus: Eher weniger stark ausgeprägt. Lediglich in den großen Städten gibt es Hotels mit „westlichem" Standard zu recht hohen Preisen.

Bescheidung: Eher ausgeprägt, da keine touristische Infrastruktur (Pilgerorte Mekka und Medina ausgenommen; die dürfen jedoch nur von Reisenden moslemischen Glaubens besucht werden).

Aktivität: Eher hoch. Obwohl Christen und Juden nicht nach Mekka und Medina dürfen, werden sie auf Reisen durch das Land vorwiegend mit Kulturstätten den Landes vertraut gemacht. Kulturtourismus zeichnet sich in der Regel durch ein hohes Maß an Aktivität aus.

Passivität: Weniger hoch ausgeprägt. Baden an Stränden ist beispielsweise wegen strenger Glaubensvorschriften nur in „Beach-Clubs" möglich.

Als eine denkbare Zielgruppe könnten moslimische Migranten angesprochen werden, die mittlerweile in Deutschland leben. Für sie kann die aus religiösen Gründen wichtige Pilgerreise pauschal organisiert werden.

Hier ist es zum Beispiel sinnvoll, in deutschen Ausgaben türkischer Zeitungen und Magazine zu inserieren, um einen potenziellen Kundenkreis zu erreichen.

Eine weitere Zielgruppe machen kulturinteressierte Deutsche aus, die es reizvoll finden, ein bislang sich der internationalen Öffnung verschließendes Land und dessen Kunst und Kulturstätten kennen zu lernen. Da diese Reisen kostspielig sind, aber nicht sehr viel Luxus bieten, sind bildungsnahe soziale Schichten über die Exklusivität des Reiserlebnisses (wer war sonst schon in Saudi-Arabien?) anzusprechen.

Die Durchführung einer Werbekampagne zu diesem Zweck macht wenig Sinn. Nur über „Special Interest Magazine" oder durch persönliche Marketingkampagnen (gezielte Ansprache reisefreudiger Kunden mit entsprechender monetärer Ausstattung und kulturellem Interesse) sind hier von den Reiseveranstaltern als Kunden zu gewinnen. Beispielsweise könnte ein Reiseveranstalter einen „Saudi-Arabien-Abend" unter dem Motto „1001-Nacht" für entsprechend segmentierte Kunden anbieten und Vorbehalte in Bezug auf diese Reise ausräumen und gleichzeitig Interesse für neue Reiserlebnisse wecken. Das Angebot dieser Art Reisen als Pauschaltourismus lohnt sich nur, wenn sehr wenige Anbieter auf dem Markt sind, die ihre Preise gegenseitig nicht unterbieten.

Übungsaufgabe 15 (Kontextualisierung)

- Bordtelefone/Notebooks in Bahnen, Flugzeugen und Schiffen ermöglichen Managern die Abwicklung von Geschäftsverhandlungen auch auf Reisen.

- Buchung von Tickets/Hotels/Transport über Internet

- Reisen ohne Papiertickets („e-tix" = elektronische Tickets)

- Check-in an Automaten

- Videos und Spiele als Zeitvertreib auf Reisen etc.

Autorenspiegel

Otto F. Bode, Dr. rer. phil., studierte Wirtschaftswissenschaften und Lehramt an der Universität GH Duisburg, an der FernUniversität in Hagen Pädagogik zum Bachelor of Arts. Ab 1994 Leiter des Studiengangs Allgemeine Betriebswirtschaftslehre der FH in Venlo, Lehraufträge in Krefeld/Duisburg, Leipzig, Düsseldorf, Beratungsprojekte IBM, DaimlerChrysler, Cerestar. Zurzeit im Referat Strategie des Bundesministers für Bildung und Forschung zuständig für programmatische Haushaltsplanung, Foresight und Innvationsanalyse; Veröffentlichungen zu systemischen Ansätzen.

Heinze, Thomas, Jahrgang 1942, Universitätsprofessor und Geschäftsführender Direktor des Instituts für Kulturmanagement an der FernUniversität in Hagen. Schwerpunkte in Forschung und Lehre: Qualitative Sozialforschung, Kultur-, Tourismus- und Museumsmanagement.

Hierdeis, Helmwart, Jahrgang 1937, Universitätsprofessor für Erziehungswissenschaften und Psychoanalytiker; wissenschaftliche Stationen: Pädagogische Hochschule Bamberg, Universität Erlangen–Nürnberg, Universität Innsbruck, zuletzt Gründungsdekan der Fakultät für Bildungswissenschaften Brixen der Freien Universität Bozen. Wichtigste Arbeitsgebiete: Geschichte der Erziehung und Bildung, Pädagogische Alltagstheorien, Pädagogische Anthropologie, Erziehungsinstitutionen, Psychoanalytische Pädagogik.

Theo Hug, derzeit außerordentlicher Universitätsprofessor am Institut für Erziehungswissenschaften der Universität Innsbruck und Leiter des ARC Research Studios „eLearning Environments". Arbeitsgebiete: Medienpädagogik und Kommunikationskultur, Methodologie der qualitativen Sozialforschung, Wissenschaftsforschung sowie Hochschuldidaktik und Gruppenpädagogik.

Ulrich Leifeld, Jahrgang 1967, Studium der Kommunikationswissenschaft mit den Nebenfächern Psychologie und Kunstwissenschaft an der Universität GH Essen, Weiterbildendes Studium Kulturtourismus & Eventmanagement an der FernUniversität in Hagen, Promotion zum Dr. phil. an der Universität Essen, Lehrbeauftragter an der FernUniversität in Hagen und der Universität Essen.

Werner Wiater, Jahrgang 1946, Studium an der Universität Bonn, Promotionen in Kath. Theologie und in Pädagogik, Habilitation in Pädagogik, 1. und 2. Staatsexamen für das Lehramt am Gymnasium, mehrere Jahre Schuldienst und Mitwirkung in der Lehrerfortbildung; 1979 Professur für Pädagogik an der TU Clausthal-Zellerfeld, ab 1987 Lehrstuhlinhaber für Schulpädagogik an der Universität Augsburg.